新・センスのよい
法律文章の書き方

青山学院大学法学部教授
木山泰嗣 [著]
KIYAMA HIROTSUGU

中央経済社

　本書の初版は，2012年2月に刊行された。その後6年の歳月を経て，このたび改訂版を刊行することとなった。もとは月刊誌ビジネス法務（中央経済社）に掲載した1本の記事が好評いただき書籍化されたものである。書籍化されてからも，幸いなことに多くの読者に支えられ，度重なる増刷を続けてきた（16刷）。

　このたび改訂版を刊行することになったのは，弁護士が作成する準備書面などの実務書面の書き方だけでなく，研究論文の書き方についても章を新たに設けて言及する必要を感じたからである。実務書面と研究論文とでは，共通する部分も多いが，前者には注釈をつけないことが原則であるのに対し，後者には注釈をつけることが求められるなどの相違点もある。裁判所に主張書面として提出する準備書面と，依頼者がなく特定のテーマについて自由に掘り下げる研究論文とでは，目的の相違から異なる部分もある。特に法学の研究論文では，独特な書き方のルールも多い。先行研究の尊重という視点も，研究論文にはある。

　実務家も専門性を高めて，積極的に論文を発表していく時代である。そのときに実務書面の感覚で論文を書こうとすると，つまずく箇所がある。文章の書き方や展開の仕方は，基本的には共通する。しかし，そうでない部分もあるからである。本書はその「そうではない部分」を1つの章として補足することで，実務家が研究論文を作成しようとしたときでもスムーズに移行できるように工夫をした。

　改訂版からこのような色彩の本になったのには，筆者の経歴（経験）

によるところが大きいと思う。

　2003年から2015年まで弁護士として勝訴率の低い国との税務訴訟に携わってきた。先例のない手強い訴訟ばかり担当してきた。行政庁によりなされた課税処分を取り消してもらうためには，違法の確信を裁判官に抱いてもらうことが必要になる。そのための文章作成には，かなりの力を入れた。東京から大阪の裁判所まで出向き，朝から夕方まで税務訴訟の記録を閲覧したこともある。訴訟に強い弁護士が作成した準備書面を研究したのである。自ら代理人となった裁判でも，準備書面にカラーや図や目次を入れるなどの工夫をこらした。法廷で裁判長の反応をみながら，次の書面で書き方に修正を加えるなどの細かな研究を重ねてきた（結果，勝訴判決を得てきた）。

　2008年の『小説で読む民事訴訟法』（法学書院）刊行後は，10年で50冊の単著を刊行してきた（本書は50冊目の単著になる）。こうした本の執筆では，読者の心にとどく文章の書き方を研究した。文章術に関する本は，古典も含めて読み漁った。作家・小説家の文章読本も読みつくしてきた。

　2010年からは出身大学の法科大学院で，文章セミナーの講師を担当した。そこでは司法試験の論文作成の講義指導をしてきた（幸い多くの合格者が出て，法曹として活躍されている）。2014年から関西の法科大学院でも，入学前のスプリングスクールにおける「法律文章の書き方」の講義を毎年春休みに担当している。

　これらは弁護士として携わってきたものだが，2015年4月から大学教員（税法研究者）に転身した。そこで研究論文も執筆するようになった。主として税理士を目指す大学院生の修士論文等の指導も行うようになった。2016年4月から大学院の紀要の編集長も担当し，年2回刊行される

掲載論文のチェックをしている。さらに法学部では，1学年20人のゼミ生を抱え，卒論の指導もしている。

　このように職業上，さまざまな立場から「文章」を作成し，あるいは文章の作成を指導することが，筆者には求められ続けている。

　こうした独特な経験の積み重ねから生まれたのが，本書である。以上の経験から書かれた本書は，下記のような方に有効であると考える。

・説得力のある準備書面を作成するためのヒントを得たい主として若手の弁護士
・審査請求や税務調査などの場面で適切な主張書面を作成したい税理士
・慣れない論文の執筆をすることになった弁護士などの実務家
・実務の視点も踏まえた法律文章の作成方法を習得しておきたい法科大学院生
・法学研究科で修士論文等を執筆するための作法を知りたい大学院生
・法学の卒業論文などの文章を作成する必要がある法学部生

　本書には，さまざまな視点が登場します。文章を上達させるためには，とにかく書くことです。そして，とにかく読むことです。

　読むときには，ざっくり読むことと，注意深く読むことの両方が必要です。それは読者としてざっくり読んで意味が通るかを確認することになり，編集者のように細かくチェックすることで正確な文章になっているかをみることになります。

　書くときも，勢いに任せてとにかく書きまくるときと，冷静に細かく

読んで推敲を重ねるときの両方が必要になります。前者は動のエネルギーが必要になり，後者は静のエネルギーが必要になりますが，いずれもエネルギーが必要です。

　書いて，読んで書き直して，書いて読んで書き直す。読んで読んで，書いて書く。

　その繰り返しを，締切りぎりぎりまで数十回でもやることです。

　本書が読者の方の文章作成に役立てば幸いです。

2017年12月
青山学院大学法学部教授　木山　泰嗣
（きやま　ひろつぐ）

初版はしがき

　この本を手にとってくださり，ありがとうございます。
　どんな本なのだろうと，わくわくされている方もいらっしゃると思いますが，最初にお断りをしておきます。

　本書のタイトルをみて「この弁護士は『センスのよい法律文章の書き方』なんて本をよくも書いたものだ」「どうせろくな本じゃないだろう」と思われた方は，ここから先は読まないでください。すぐにこの本を棚に戻してください。人生は有限です。

　わたしは自分の書く文章にセンスがあると思っているわけではありません。あなたのほうが，はるかにセンスがあるかもしれません。「こんな本を読まなくても，文章には自信がある」という方は，本書を読む必要はありません。
　どうぞ早くお仕事に戻られてください。すでに力がおありのあなたは，この本を読んでいる時間などないはずですから……。

　わくわくして本書をとられた方，失礼いたしました。ここからが本当のはしがきです。
　本書は，主として法科大学院（ロースクール）を卒業されて弁護士になられた方に向けて書きました。旧司法試験と異なり，あまり論文を書くトレーニングもしないままに法曹になった方は，準備書面などの法律

文書を書くときに困っているようだ，という話を小耳にはさみました。
　旧試験で弁護士になられた方でも，できれば準備書面は書かずに案件を終えたいという方もいらっしゃるようです。弁護士としての手腕は十分にあるものの，文章を書くのは苦手だという方です。

　こういう方々に書いたのが本書です。

　くれぐれもご留意いただきたいのですが，ハイレベルな法律家の方々は，本書を読まないようお願いいたします。もっと大事な案件がたくさんおありのはずです。

　それであなたは何者なのだと思われた方に，自己紹介をしておきます。わたしは，東京の法律事務所で，税務訴訟や税務に関する法律問題に取り組んでいる弁護士です。

　どういうわけかいろいろな出版社から「文章の書き方の本を書いてください」というご依頼があり，お断りする理由はなかったので，文章の書き方に関する本を何冊か書きました。

　①『弁護士が書いた究極の文章術』（2009年・法学書院）
　②『もっと論理的な文章を書く』（2011年・実務教育出版）

　…そして，本書が③になります（④の予定もあります）。

　本書の最大の特色は，これまでの本と異なり，専門家（プロ）を読者

対象にしている点です。

　わたしは法律家の力のみなもとは文章だと思っています。弁護士は依頼者（クライアント）の翻訳者だと考えています。

　裁判で訴えたい依頼者のいい分を，法的な主張という外国語に翻訳し，それを裁判所に伝える。これが訴訟活動の肝だと思うからです。

　おそらくこの本を手にとられた方は，翻訳者たることを痛感してきた優秀な方だと思います。**業務で忙しいのに文章の書き方の本を読もうと思われたあなたは，相当に優秀な方だと思います。**なぜなら文章技術は，弁護士の仕事としては，最後の局面に必要になる高度な技能だからです。翻訳者だといいましたが，実際に弁護士の仕事をこなすだけであれば，文章力があまりなくてもできるかもしれません。

　しかし品質の高いサービスを提供しようと考えると，どうしてもぶつかる壁が，文章の書き方なのだと思います。

　そのステージまで意識が向いているという点で，あなたは相当に優秀だと思ったわけです。

　わたしが文章技術を研究しているのは，税務訴訟という主として国税と戦う行政訴訟ばかりやってきたからです。

　裁判所に提出する書面には，工夫の余地が大いにあることを知りました。司法研修所で習う書面の書き方に比べると，工夫の方法は無尽蔵にあることがわかりました。

　それは，雲ひとつない青空のようであり，夜空にきらめく星々のよう

にも感じました。

　本書を出すことには，最後まで抵抗の心があります。
　しかし司法制度改革で司法試験の合格者が増加し，弁護士の数が増えました。長い勉強期間を経ずに若くして法曹になられる方には，もしかしたらヒントになることもあるかもしれません。

　文章技術はたゆまぬ努力と訓練で磨かれます。

　視点をもっているとさらにレバレッジがかかります。
　わたしなりに研究してきた視点をご提供することで，あなたのスキルアップにお役に立てることがあるかもしれません。

　それで本書を出すことにも意味があるのではないかと，自分に許可を与えることにしました。

　どうぞ本書をヒントに，その1行，その1文，その1通に工夫をこらしてください。

　本書ができた経緯は，中央経済社の『ビジネス法務』にわたしが書いた「裁判官の心を動かす　準備書面の作成術」というタイトルの論文が掲載され（同誌2011年2月号），その反響が大きかったからです。そして，同社より1冊の本として出しませんかといわれたからです。
　このきっかけとなった論文も，本書も，いずれも担当編集者の小西勇気さんからの1本の電話がきっかけでした。この場を借りて，本書作成

の細部にわたりご尽力いただいた小西さん，中央経済社の皆様に厚く御礼申し上げます。

　こうした本を書けるのも，所属事務所でたくさんの事件(チャンス)をいただいたからです。本を書きまくる変わった弁護士であるにもかかわらず，いつも温かく見守ってくださる代表弁護士の鳥飼重和先生，所員の方々にも改めて御礼申し上げます。

平成23年12月

弁護士　木山　泰嗣

序章　あなたの文章は読みにくい？　読みやすい？

1　なぜ，文章が重要なのか？　2
2　文章はだれのために存在しているか？　5
3　どのような文章がよいのか？　8
4　「読みやすい文章」はどのようなものだろう？　12
5　「わかりやすい文章」はどのようなものだろう？　15
6　「論理的な文章」とはどのようなものだろう？　18
7　「心を動かす文章」はどのようなものだろう？　21

第1章　読みやすいといわれる文章を書く技術

8　1文が短い　26
9　主語と述語が結びついている　29
10　主語や述語の順序が統一されている　33
11　用語が統一されている　36
12　改行が適切にされている　39
13　章立てが適切にされている　41
14　ナンバリングが適切にされている　45
15　タイトルが適切に書かれている　48
16　小見出しまでつけられている　51
17　内容が整理されている　54
18　文章にリズムがある　56

- 19　文章にアクセントがある
  　　　　（下線，傍点，太字・ゴシックなど）　59
- 20　引用であることが示されている　62
- 21　目次がつけられている　65
- 22　細かい議論は，脚注などにとどめている　68
- 23　公用文のルールに準じている　70
- 24　漢字とひらがなのバランスがとれている　73
- 25　読みやすい言葉を選択している　76
- 26　適切な文体を使っている　79
- 27　自由自在に速読できるようにつくられている　81

第2章　わかりやすいといわれる文章を書く技術

- 28　キーワードが適切に選定されている　86
- 29　重要なことがくりかえし書かれている　89
- 30　業界用語の意味が説明されている　92
- 31　専門用語の意味が解説されている　95
- 32　わかりやすい具体例が書かれている　98
- 33　イメージしやすい比喩（たとえ）が書かれている　102
- 34　要旨が短くまとめられている　104
- 35　出典と引用の範囲が正確に示されている　107
- 36　引用した記述のうち，どの部分がどのように
  　　　　関係するかが示されている　111
- 37　文字ではわかりにくいことを図式化している　114
- 38　まとめが書かれている　117

39　終始一貫している（ぶれない）　119
40　ストーリーを伝えられている　122
41　問題になる理由が的確に示されている　125
42　多義的ではなく，一義的に書かれている　127
43　事実関係が時系列で整理されている　129
44　当事者の主張が整理されている　132

第3章　論理的だといわれる文章を書く技術

45　接続詞が適切に使われている　136
46　裁判官の思考パターンにのっとっている　140
47　理由がきちんと書かれている　143
48　問題提起がきちんとされている　146
49　根拠となる条文や文言が示されている　150
50　根拠となる判例が示されている　154
51　2回目に登場したときには「上述のとおり」を
　　　入れている　156
52　法解釈と事実認定が区別されている　159
53　規範とあてはめが区別されている　162
54　形式面と実質面の双方から主張が展開されている　166
55　必要性と許容性の双方から主張が展開されている　169
56　原則論と例外論を区別して主張が展開されている　171
57　客観面と主観面を区別して主張が展開されている　172

第4章　読み手の心を動かす文章を書く技術

58　身近な問題として感じられる工夫がされている　174
59　当事者がいかにひどい目にあったのかが
　　　リアルに伝わってくる　175
60　憲法の理念や原理原則が踏みにじられる
　　　危険が書かれている　176
61　形式的な法律論が常識論に反することが示されている　177
62　権威（学説・最高裁判決）が的確に示されている　178
63　統計データ・数字が示されている　179

第5章　訴訟で勝つための文章を書く技術

64　判決に書くべき素材を十分に提供している　182
65　複雑な事案をわかりやすく伝えている　183
66　最も重要なポイントを自然に伝えている　184
67　国民感情に反することが指摘されている　185
68　公平ではないことが指摘されている　186
69　相手の立場では判決を書けないハードルが示されている　187
70　多くの人に支持されていることが示されている　188
71　社会問題であることが示されている　189

第6章　説得力のある論文を執筆する技術

72　論文のテーマ　192
73　論文の構成　197
74　論文の形式　201

- 75 論文の意義　206
- 76 脚注や文献等の表記　209

第7章　文章技術を高めるために参考になる主な書籍

- 77 野口悠紀雄『「超」文章法』（中公新書）　216
- 78 倉島保美『書く技術・伝える技術』（あさ出版）　217
- 79 岩淵悦太郎編著『悪文　第三版』（日本評論社）　218
- 80 田中豊『法律文書作成の基本』（日本評論社）　219
- 81 スティーブン・D・スターク＝小倉京子訳『訴訟に勝つ実践的文章術』（日本評論社）　220
- 82 バーバラ・ミント（著）＝グロービス・マネジメント・インスティテュート（監修）＝山﨑康司（訳）『新版　考える技術・書く技術』（ダイヤモンド社）　221

●イラスト　モリタ ヒサコ

序章
あなたの文章は読みにくい？
　　　読みやすい？

0

　本章では，なぜ文章が重要なのか，文章はだれのために存在しているのかについて述べる。

　この視点をふまえたうえで，どのような文章がよいのかについて，4つの要素を提示する。具体的には，①読みやすい文章，②わかりやすい文章，③論理的な文章，④心を動かす文章，この4つである。

1 なぜ，文章が重要なのか？

　弁護士の力のみなもとは**文章**にある。わたしはそう思っています。裁判所で行う主張は，民事事件（行政事件を含む）では，そのほとんどが書面を通じて行われるからです（刑事事件でも書面によって主張を整理しますので，同じように重要性があるはずです）。

　勝敗を決するのは「証拠」によるところが多いかもしれません。特にほぼ定型化されたような訴訟では，準備書面の書きぶりというよりも，提出した証拠の有無で決着がつく事件が多いでしょう。

　しかし，税務訴訟（租税事件）などの行政訴訟においては，過去に先例がないものがあります（先例があっても，直接の先例はなく，それとは別な法解釈が必要になるものもあります）。税務の事件に限られません。近年においては企業の役員責任などで巨額の損害賠償を認める判決が増えています。**その多くは先例にとらわれない柔軟な解釈によって，今日の社会における常識的な帰結が採用されたもの**です。

　勝訴判決をもらうことは，代理人を担当する弁護士の醍醐味だと思います。そこで**最大の武器になるのが**「**文章の力**」です。

　わたしが「文章の力」に着目したきっかけは，国税（国）を相手に納税者が快勝した**税務訴訟の訴訟記録をたくさん閲覧した**ことでした。

　税務訴訟では，納税者の勝訴率（国税の敗訴率）はここ数年10％にも満たない状況が続いています（国税庁が公表している直近のデータでは，平成28年度が4.5％，平成27年度が8.4％です）。この勝訴率は一部取消しも含んでおり，全部取消しとなるとさらに低い率となっています（平成28

年度が2.5％，平成27年度が7.3％）。平成28年度をみると，旧司法試験の合格率なみの高いハードルです。

　高いハードルがあるにもかかわらず，他方でここ数年，新聞をにぎわす納税者勝訴の最高裁判決が相次いでいます。還付加算金も含めると約2,000億円の税金の還付を認める巨額の最高裁判決となった武富士贈与事件（最高裁平成23年2月18日第二小法廷判決・判例タイムズ1345号115頁）や，長崎の主婦がわずか2万円ほどの訴額で最高裁まで国税と戦った結果，裁判を起こしていなかった他の納税者にも100億円を超える還付がなされる最高裁判決となった長崎年金二重課税事件（最高裁平成22年7月6日第三小法廷判決・民集64巻5号1277頁）などです。

　最高裁判決には大きな変容がみられはじめています。じつはこれらの事件も，すべての審級で勝訴したものではありません。下の図のように，控訴審（高等裁判所）では敗訴をしているものが多いのです。

【最近の税務訴訟は，控訴審敗訴から最高裁での逆転勝訴が多い】

	1審	控訴審	最高裁
最判20・10・24（都税還付金請求事件）	○→	●	→○
最判21・12・3（ガーンジー島事件）	●→	●	→○
最判22・3・2（ホステス源泉徴収事件）	●→	●	→○
最判22・7・6（長崎年金二重課税事件）	○→	●	→○
最判23・1・14（破産管財人源泉徴収事件）	●→	●	→○
最判23・2・18（武富士贈与事件）	○→	●	→○

注）○は納税者勝訴（国税敗訴），●は納税者敗訴（国税勝訴）

すなわち、**証拠で勝敗が決まっているわけではない**ということです。新しい証拠によって最高裁で逆転をした形跡はみられないからです（事実審である控訴審までと異なり、法律審である最高裁では新しい証拠を提出することはできません）。**同じ事実であるにもかかわらず、判断をする裁判官によって結論が異なる。こういう現象が起きています。**

　そのみなもとはどこにあるのでしょうか。証拠ではないなにかです。おそらくそこには「**価値判断**」があるのだと思います。同じ事件であるにもかかわらず、判断が異なるのは判決を下した裁判官の「価値判断」の違いだと考えられます。

　そうだとすると、わたしたちとしてはその**「価値判断」に影響を及ぼす「上手な伝え方」をしなければならないのではないでしょうか**。いわば**翻訳のような仕事**です。クライアントである当事者の想いを、上手に翻訳して裁判所に伝えるのです。裁判官の「価値判断」からみて「これはおかしい」と思ってもらえるような「伝え方」。これを工夫することが重要だと思います。

　その手段はいまの訴訟のシステムからすると、口頭でのパフォーマンスでありません。**書面です**。民事訴訟は理念的には口頭主義が原則だと教科書には書かれているものの、実際には書面主義のほうが大部分を占めています。

　書面は「日本語」という「**文章**」によって組み立てられています。**大量の案件を抱えて忙しい裁判官に、さっと読めて、すっと理解できる書面を渡すことができたらどうでしょう。とてもすがすがしい気持ちで「なるほど」と思ってもらえるのではないでしょうか**。そのために、「文章の力」をきたえることが必要です。これが文章が重要な理由です。

2 文章はだれのために存在しているか？

文章はだれのために存在しているのでしょうか。ここにいう文章は，もちろん本書がテーマにしている「法律文書」（特に裁判所に提出する書面）のことです。

書面を作成することはなかなかたいへんな作業です。あれもいいたい，これもいいたい。あたまのなかの無秩序状態（カオス）を，まずはすっきりさせる必要があります。系統立てて整理をしたうえで，わかりやすい文章を書くことが必要になります。誤字脱字などの形式面にも注意しながら，論文や文献・判例などの引用では正確性に配慮し，これまでの主張や客観的事実（証拠）に矛盾しないように，論理的に説得力のある文章を書かなければなりません。

こうした作業をしていると，書くことや，書き終えることにばかり意識が向かいがちです。書き終えると，ほっとひと息。そして次の仕事へ（次の書面へ），ということになります。実務家は忙しいです。文章を書くのには相当な時間をとられます。こうして書き終えることに，エネルギーを使う人が多くなってしまうのだと思います。

これは仕方のないことかもしれません。実際に複雑な事件や，税務訴訟などの大きな事件の準備書面を書いてみれば，まとめること（書き終えること）がいかに大変かわかります。

しかしこうした文章の書き方には「文章がだれのために存在しているのか？」という重要な視点が抜け落ちている。そういわざるを得ません。大事なことは「だれに読んでもらう文章なのか」「その文章でだれを説

序章　あなたの文章は読みにくい？　読みやすい？　[2]

得するのか」です。この視点を意識すると，当然ながら，準備書面などの法律文書が，だれのために存在しているのかが明確になります。裁判所に書面を提出するのは，クライアントの利益を実現するためです。その訴訟で勝訴するためです。勝訴判決を書くのはその事件を担当する裁判官です。文章はだれのために存在しているのか？　それは**クライアントの勝訴（利益）の**ためです。そして**それを実現するために判決文を書いてもらう裁判官のために存在**しています。

　そうであれば，その書面は**裁判官にとってよい文章**であることが求められるはずです。**裁判官はあなたが書いた文章を，どのような立場で，どのように読むのでしょうか。**

　司法修習の経験がある方は，裁判所で修習をしたときのシーンを思い出してみましょう。**裁判官がどのような部屋で，どのような時間に，どのような状況で，どのように訴訟記録を読んでいたかをイメージ**します。その日と翌日に法廷がある事件だけでも，ビルのように高く積み上げられた訴訟記録の山。あのシーンです（みたことがない方はそのような光景を想像してみてください）。
　ここではっきりすることがひとつあります。それは，あなたがいかに心血を注いで書いた力作の準備書面であったとしても，そのビル状の訴訟記録の山のなかでは，ごくごく一部に過ぎないということです。**裁判官は毎日たくさんの書面を読まなければなりません。判決もたくさん書かなければなりません。そのなかのごくごく一部として，あなたが書いた準備書面が読まれる**のです。

6

立場をかえ今度は，あなたのオフィスのシーンを思い浮かべてください。あなたも相当に忙しいはずです。たくさんのメールを処理し，クライアントとの打合せがあり，電話があり，法廷があり，外部でも…。こうしたなかでいま，依頼者から新規の相談として「相談内容」が書かれた文書がFAXで送られてきたとします。やるべきことがたくさんあります。しかし明日の朝には依頼者が相談にみえます。しかしFAXをみてみたら，なんと枚数が30頁もあります。しかも細かく小さな字がぎっしりとつまり，ところどころで文字がつぶれていました。これをみてあなたはどう思いますか。その相談内容をどのように読むでしょうか。

これと同じことが，あなたが書いた書面でも起きています。

依頼者から届いた文章はお客さまからのものです。きちんと読む時間がとれなかったとしても，実際に会ったときに質問をすることができます。事情を口頭で説明してもらうこともできます。弁護士は「口頭でのやりとり」という大きな武器をたよりに，事実をつかむことができます。

しかし裁判所では「口頭でのやりとり」という武器を使える場面がほとんどありません。伝える手段の大半が「訴状」であり「答弁書」であり「準備書面」であり「控訴理由書」です。

忙しい裁判官は5分程度でさらりと読み流すだけかもしれません。なめ読みをして，次の事件記録にすぐ移るかもしれません。**瞬時の読み取りですまされたときに，あなたが書いた書面は，はたして裁判官の心に迫ることができるでしょうか。**

文章がだれのために存在しているのかを考えると，こうした意識をもつことができるようになります。

3　どのような文章がよいのか？

　文章は裁判官のために存在する。このことを意識したうえで，次に「では，どのような文章がよいのか」を考えてみたいと思います。

　あなたが作成して提出する書面は，裁判官が忙しいなかで，**たくさん読まなければならない文書の山のなかで，ごくごく一部として存在**しています。

　このイメージをリアルにもつと，書きぶりを相当に意識しなければならないことがわかると思います。さっと読むことができない文章は「よくわからないですな」ということで，次の書面に移されてしまうかもしれないからです。

　ななめ読みをして数十秒で「よくわからないですな」と裁判官に思われたらアウトです。その後で続きを読み進めるときも，他の書面を読むときも「あの読みにくい文章を書く人ですな」という先入観(バイアス)をもたれます。判断する人からわるい印象をもたれてしまうと，訴訟の帰趨(きすう)においても相当に厳しい状況に立たされることになります。

　これに対して，忙しいなかでさっと読んだあなたの文章の冒頭が「なるほど，そういうことか」と裁判官をうならせる書面だったとしたら，どうでしょう。いわゆるつかみです。
　読みにくい文章ばかりを大量に読まされている裁判官は「この文章は読みやすい」と喜んでくれるかもしれません。**読みやすい文章がよい理由は，伝えたい主張がそのまま伝わりやすいからです。判決を読んでな**

んだかこちらの主張を理解してもらえてないなというときは，準備書面が読みにくかった可能性があります。

　もちろんきちんと読んで理解してもらいたいところです。しかしさっと読むことができなかったがために，「よくわからないですな」と思われる。こういう落とし穴があったかもしれません。読みやすい文章であることは，「よい文章」のひとつの要素になります。

　「読みやすい文章」は同時に「わかりやすい文章」でもあることが多いです。しかし「読みやすい文章」がイコール「わかりやすい文章」かというと，必ずしもそうではありません。

　「読みやすいけれども，なにがいいたいのか，わからない文章」もありますし，「読みやすいけれども，内容はむずかしい文章」もあるからです。

　村上春樹さんの小説は，中学生でもすらすら読めてしまいそうです。平易な言葉で，「読みやすい文章」で書かれているからです。しかし相当に読み込まないと，内容を深く理解することはできません。これは「読みやすいけれども，内容はむずかしい文章」といえるでしょう。

　村上春樹さんの本は小説です。そもそも仕事でさっと読むものではありません。これに対して，裁判所に提出する書面はあくまで裁判官が読む「仕事」の文章です。読みやすいだけでなく，内容もすぐにわかる「わかりやすい文章」であることが求められます。これも「よい文章」のひとつの要素だといえます。

　読みやすくて，わかりやすい文章が書けたとします。しかしそれだけ

では裁判所に出す書面として「よい文章」とはいえません。**裁判官は法律家であり，「法的思考」を使って問題を解決する職業**です。弁護士も同じです。「法的思考」をどれだけできるかが，司法試験でも昔から問われています。

　法的思考とは，ひらたくいえば**「論理的な思考（論理思考）」**です。ただし，法律の条文を解釈してあてはめるという法律家固有の技術もともなうため，単に「論理思考」といわず，「法的思考」ということが多いです。

　文章を書くという意味では，要するに**「論理的な文章」**になっているかということです。この点が重要です。なぜなら，常に**「法的思考」**や**「論理思考」をしている裁判官に「あなたの主張は正しい」と思ってもらうためには，論理的に説得力のある文章でなければならないからです。**

　新聞や雑誌で書かれている文章は，読みやすく，わかりやすく書かれています。これは一般の読者を対象にし，子どもから大人まで，どのような人でもさっと読める情報を提供する媒体だからです。
　しかし新聞や雑誌に書かれている文章は，論理的な説得力があるでしょうか。多くの情報を瞬時に伝えることを目的としている新聞や雑誌では，ものごとを論理立てて書き連ね，ひとつの論点について説得力ある議論を展開するような文章はあまりみられません。紙面の都合もあると思いますが，そもそも目的の違いでしょう。
　裁判所に提出する書面は，新聞や雑誌と違い，「論理的な文章」であることも必要なのです。

　読みやすくて，わかりやすくて，論理的な文章を書くことができたと

します。しかし裁判では残念ながら勝てませんでした。その理由は事案によってさまざまだと思います。証拠が不足していたのかもしれませんし，判例の要件からそもそも厳しい事案だったのかもしれません。

　そのあたりは抜きにして，主張そのものはお互いに拮抗（きっこう）していたとします。証拠もどちらもそれなりにあった。どちらが勝ってもおかしくない事件。こういうものが税務訴訟などではよくあります（前掲3頁【最近の税務訴訟は，控訴審敗訴から最高裁での逆転勝訴が多い】参照）。

　このときに必要な要素はなんでしょうか。それは読んだ人の「心を動かす文章」かどうかです。判断を下す立場の人（裁判官）の心が動かなければ，いかに論理的な説得力があっても，「価値判断としては，その考えには与（くみ）しないよ」となってしまうからです。

　以下では，「よい文章」といえるための4つの要素（「読みやすい文章」「わかりやすい文章」「論理的な文章」「心を動かす文章」）について，さらにつっこんでみたいと思います。

　具体的には，どのような文章が「読みやすい文章」なのか，「わかりやすい文章」なのか，「論理的な文章」なのか，「心を動かす文章」なのかです。これからひとつひとつを明らかにしていきたいと思います。

4 「読みやすい文章」はどのようなものだろう？

　読みやすい文章はどのように書けばよいのでしょうか。世の中にある文章で多くの人が読みやすいと感じるものには，パターンや傾向があります。

　読みやすい文章がどのようなものかを感じ取れるようになるためには，たくさんの文章に触れることが必要です。 そのなかで「読みやすい文章」と「読みにくい文章」，そしてその中間にあたる「読みやすいわけでも，読みにくいわけでもない文章」のシャワーを大量に浴びることです。そうすると人が，**どういうときに「読みやすい」と感じ，どういうときに「読みにくい」と感じるのか**がわかってきます。

　「読みやすさ」というのは感覚的なものです。多くの文章に触れて，「読みやすい文章」と「読みにくい文章」の区別を，あなた自身が肌で感じられるようになることが重要です。

　「読みやすい文章」に含まれている要素は，次のとおりです（特に重要だと思われるものを20個挙げました。ほかにもあるかもしれません。あなた自身でも探してみてください）。

【「読みやすい文章」に含まれている20の要素】
① 　1文が短い。
② 　主語と述語が結びついている。
③ 　主語や述語の順序が統一されている。

④ 用語が統一されている。
⑤ 改行が適切にされている。
⑥ 章立てが適切にされている。
⑦ ナンバリングが適切にされている。
⑧ タイトルが適切に書かれている。
⑨ 小見出しまでつけられている。
⑩ 内容が整理されている。
⑪ 文章にリズムがある。
⑫ 文章にアクセントがある（下線，傍点，太字・ゴシックなど）。
⑬ 引用であることが示されている。
⑭ 目次がつけられている。
⑮ 細かい議論は，脚注などにとどめている。
⑯ 公用文のルールに準じている。
⑰ 漢字とひらがなのバランスがとれている。
⑱ 読みやすい言葉を選択している。
⑲ 適切な文体を使っている。
⑳ 自由自在に速読できるようにつくられている。

　こうしてみると「読みやすい文章」をつくりあげている要素は，ほとんどが形式的なことであるとわかります。**文章は，その言語によって織りなす「伝達技術」**です。書き手のあたまのなかにある考えを，言語を使うことで，読み手のあたまのなかに移動させる。こうした伝達を行うためのツールだといえます。作家の吉村昭氏も「そもそも文字というものの機能は，本来，こちらの意思を相手に伝達する」ことにあると述べ

ています（吉村昭『わが心の小説家たち』〔平凡社新書，1999年〕122頁）。
　その言語を使っている多くの読み手がごくふつうに「読みやすい」と感じとれる文章が「読みやすい文章」になります。

　これは時代によっても変わってきます。それは「多数派の共通認識」であり「最大公約数」だということができます。「読みやすい文章」に対する感覚が多数派とずれてしまっている人は「読みやすい文章」を書くことができないことになります。
　漢文調の難解な文章を書くくせのある人がいます。あなたにその傾向がある場合，現代において日本人の多くが「どのような文章を読みやすいと感じるか」を徹底してリサーチをしたほうがよいです。方法は簡単です。新聞や雑誌など，多くの人に読まれている文章を読むのです。

　「読みやすい文章」の要素をみてピンとこない方は，こうした「最大公約数」的な文章をたくさん読むことをおすすめします。裁判所に出す書面では，古い時代の判例で書かれている漢文調の文章から影響を受けないようにします。
　いまある判決文はひらがなが多く，読みやすいです（どれを読んでよいかわからないという人は，直近の最高裁判決を読んでみるとよいと思います。裁判所のホームページに掲載されています。最近の判決文がいかに平易な言葉で，読みやすく書かれているかがわかるはずです）。

　「読みやすい文章」の要素を前提に，どのように書けばよいかについては，第1章で具体的にお話しします。

5 「わかりやすい文章」はどのようなものだろう？

　わかりやすい文章は「へえ，そういうことなんだ」と読んだ人をうならせる文章です。「読みやすいけれど，よくわからなかった」「読みやすいけれど，得られるものはなかった」という感想をもたれる文章は「わかりやすい文章」ではありません。

　「わかりやすい文章」はどのような文章をいうのでしょうか。そもそも裁判所に提出する準備書面などでは，なにを書くでしょうか。

　「わかりやすい文章」は，書かれている内容が「うん，よくわかる」ということです。読みやすくてもむずかしい内容なので「なにがいいたかったんだろう」と思われては困ります。あなたが伝えたい内容を，事件の内容をまったく知らない人にすぐに伝えられる文章。これが裁判所に提出する書面で「わかりやすい」といわれる文章です。

　裁判になる事件を，裁判官は体験していません。体験していないばかりか，聞いたことすらありません（新聞報道された事件は別です。それでも報道されているのは多くの場合，真実のごく一部です）。登場する人物について顔も知らなければ，なにをしている人なのか，何歳なのか，どんな性格なのか人柄なのか，だれとだれはどういう関係なのかなどまったく知りません（著名人の場合には少し異なりますが，やはり知られているのはごく一部です）。そこに登場する企業がどのような会社なのか，なにをつくっているのか，なにを売りにしているのか，どんなオフィスなのか，どんな経営者なのか，どんな工場なのか，どんな歴史があるのか，こういったことも裁判官は一切知りません（著名企業の場合は少し異なりますが，これも同様です）。ましてや業界特有の専門用語や特殊な慣習など

まったく知らないのがふつうです。

　**裁判官は，その事件の事実について，ひとことでいえば「無知」だと
いえます。**裁判官は法律の専門家であり，神様ではないからです。

　（言葉はわるいですが）無知な人にゼロから状況を伝える。これが裁判
所に提出する書面に書くべきことです。大事なことは**「素人が読んでも，
すぐに事態を理解できる文章」**にすることです。

　具体的には，次のような要素があります（ほかにもあると思います。こ
こでは主要なものを挙げました）。

【「わかりやすい文章」に含まれている17の要素】
① 　キーワードが適切に選定されている。
② 　重要なことがくりかえし書かれている。
③ 　業界用語の意味が説明されている。
④ 　専門用語の意味が解説されている。
⑤ 　わかりやすい具体例が書かれている。
⑥ 　イメージしやすい比喩(たとえ)が書かれている。
⑦ 　要旨が短くまとめられている。
⑧ 　出典と引用の範囲が正確に示されている。
⑨ 　引用した記述のうち，どの部分がどのように関係するかが示さ
　　れている。
⑩ 　文字ではわかりにくいことを図式化している。
⑪ 　まとめが書かれている。
⑫ 　終始一貫している（ぶれない）。

⑬　ストーリーを伝えられている。
⑭　問題になる理由が的確に示されている。
⑮　多義的ではなく，一義的に書かれている。
⑯　事実関係が時系列で整理されている。
⑰　当事者の主張が整理されている。

　こうした要素をみると「わかりやすい文章」は，知らないことが上手に整理された文章だとわかります。
　あなたが小学校・中学校・高校で教わったことを思い出してください。どの時代のどの教科にも，評判のよい「わかりやすいテキスト」「わかりやすい参考書」があったと思います。同じことが書かれているのに，「Aという本を読んでもさっぱりわからない」。ところが「Bという本を読むと霧が晴れたようによくわかった」「目からうろこが落ちた」，そういう本があったと思います。それが「わかりやすい文章」です。

　なにが起きたのかまったく知らない裁判官に「その事件の参考書」を渡すと考えてみてください。「その事件について日本で1番わかりやすいテキスト」といってもよいです。

　「わかりやすい文章」の要素を前提に，どのように書けばよいかについては，第2章で具体的にお話しします。

6 「論理的な文章」とはどのようなものだろう？

　「論理的な文章」とはどのようなものをいうのでしょうか。さまざまな定義が考えられます。ひとことでいえばロジックがしっかりしているということです。具体的には，問題点などがきちんと整理されたうえで，ひとつひとつについて論拠が的確に示されながら，筋道を立てて，かつ矛盾なく論証されている文章のことです。

　論理というのは積み重ねです。積み重ねの美しさです。子どものころに遊ぶブロックは土台がきちんとしていないと，どこかで崩れてしまいます。左右対称にすべきは左右対称にし，ひとつひとつを一定のルールでつなぎます。パズルも似ています。パズルのピースはどこにはめるべきかが決められています。ひとつひとつは小さな破片に過ぎません。しかしはめられるべき場所が存在しており，それらが的確な場所にすべておさまると全体が完成します。その美しさはひとつひとつのピースが順番にかちりとつなぎあわされることから生まれています。論理とは，こういうことです。

　むずかしいのは文章にはパズルのような100％の正解はないことです。「言葉」はブロック以上に，無限に組み合わせの可能性があります。そこで「こうすればよい」「こう書けば論理的になる」という「だれでもすぐにできる」説明書を書くことはむずかしいのです。学問として論理を追求しているものに数学があります。数学の場合には公式が厳然と存在しています。ほぼひとつの正解が導かれる世界です。しかし言葉でものごとを説得する文章の場合，正解はひとつではありません。千差万別のアプローチがあり，書き方があり，答えがあります。世の中に存在す

る膨大な数の書物に，ひとつとして同じものがないのと同じです。

　「論理的な文章」がどのようなものかについて，ここでは裁判所に提出する文書という観点から考えたいと思います。
　裁判所に提出する文書は，法律文書です。そこには数学ほど厳格ではありませんが，やはり一定のルールがあります。そのひとつひとつを明らかにすることで，「論理的な文章」の要素を分析したいと思います。

　「論理的な文章」の要素は，次のとおりです（一般的な文書における「論理的な文章の書き方」については，拙著『もっと論理的な文章を書く』〔実務教育出版，2011年〕などを参考にしてください）。

【「論理的な文章」に含まれている13の要素】
① 接続詞が適切に使われている。
② 裁判官の思考パターンにのっとっている。
③ 理由がきちんと書かれている。
④ 問題提起がきちんとされている。
⑤ 根拠となる条文が示されている。
⑥ 根拠となる判例が示されている。
⑦ ２回目に登場したときには「上述のとおり」を入れている。
⑧ 法解釈と事実認定が区別されている。
⑨ 規範とあてはめが区別されている。
⑩ 形式面と実質面の双方から主張が展開されている。
⑪ 必要性と許容性の双方から主張が展開されている。

> ⑫　原則論と例外論を区別して主張が展開されている。
> ⑬　客観面と主観面を区別して主張が展開されている。

　「論理的な文章」の要素は，**「論理」のみせかた**です。一筋縄でいかない，やや面倒な技術が求められます。こうした技術について，弁護士は司法試験を受験したときにトレーニングを積んでいます。すでに身につけられている方も多いかもしれません。

　弁護士になって間もない人や，こうしたトレーニングを積んだことがない人には，ぜひともお読みいただきたいパートです。しかしそうでない専門家にとっては，あたりまえのことを「文章論」に落とした部分だと考えてください。

　「論理的な文章」が求められることについては，司法研修所教官，最高裁判所調査官などを歴任された田中豊氏も強調されています。田中氏は，「"説得的文書"は，法律実務家が特定の依頼者の利益のために活動することを約束した上で作成するものですから，当該依頼者の利益となる結論は一定の範囲に決まっており，そのような結論を導くことのできる論理を説得的に記述することが何よりも重要です」といい，「精密に（美しく）構造化された言語表現が法律文書の命である」といっています（田中豊『法律文書作成の基本』〔日本評論社，2011年〕3頁，37頁）。

　「論理的な文章」の要素を前提に，どのように書けばよいかについては，第3章で具体的にお話します。

7 「心を動かす文章」はどのようなものだろう？

「心を動かす文章」を書くためには，さらに高度な技術が必要になります。人の心を動かすということ自体が，ビジネスでは大きなテーマです（たとえば，デール・カーネギー＝山口博訳『人を動かす〔新装版〕』〔創元社，1999年〕といった大著があります）。他人が書いた文章を読むことで自分自身の考え方が影響を受けることは，大人になるとあまりなくなってきます。あなたが文章を読む立場になって考えると，わかると思います。「人を動かす」といっても，考え方がかたまっている裁判官の心を，無理に動かすようなアプローチは，そもそも困難だと考えたほうがよいです。成熟した大人の考えを，根底からくつがえすような文章を書くことは，現実的には簡単なことではないからです。

「心を動かす」という表現を使いましたが，少しゆるやかに考え，**「心を呼び起こす」文章**と考えてみましょう。裁判官の考えを根底からくつがえすような文章ではありません。**もともと裁判官の心のなかにある価値判断を刺激して「これはおかしい」と自発的に思ってもらえるような文章を書く**のです。「わたしは裁判官の心を動かしたのだ。すごいだろう」という発想はいけません。そうではなく，あなたが書いた文章を読むことをきっかけにして，裁判官が「かねてからこういうことは，おかしいと思っていたんですよね」とつぶやくような書面を書くのです。**人は自分がもともと考えていたことについて，正義感を呼び起こされるようなできごとに直面すると「それはおかしい」と奮い立つものだからです。**他人から**価値判断を押しつけられても，うっとうしいだけです。**

声が大きくなればなるほど（書面で力が入れば入るほど）裁判官がうん

ざりしてしまう可能性があります。もちろん相容れない考え方をもった裁判官にあたったときには，こうした結果になることは避けられません（そのときは共感してもらえる裁判官とめぐりあうまで，場合によっては最高裁まで争っていくしかないでしょう）。しかし裁判官がもともともっていた価値判断を前提に「これはおかしい」と思ってもらえる文章が書ければ，勝つ可能性がでてきます。

そのためにどう書けばよいか。これが「心を動かす文章」のテーマです。裁判官の心（価値判断）に触れ「これはおかしい」と思ってもらえるような文章を書く。そのためには，さまざまな工夫が必要です。

具体的には，次の3つのパターンがあります。**(1) 裁判官があなたがよって立つ価値判断とは異なる価値判断をもっている場合，(2) 裁判官があなたがよって立つ価値判断と同じ価値判断をもっている場合，(3) あなたがよって立つ価値判断について中立的だが，あなたがよって立つ価値判断と同じ価値判断を裁判官が採用する可能性がある場合。**これらのパターンに応じて文章の書きぶりを変える必要があります。

裁判官の「心を動かす文章」はどのようなものかについては，次のような要素があります（あくまで主たるものです）。

【「心を動かす文章」に含まれている6要素】
① 身近な問題として感じられる工夫がされている。
② 当事者がいかにひどい目にあったのかがリアルに伝わってくる。
③ 憲法の理念や原理原則が踏みにじられる危険が書かれている。
④ 形式的な法律論が常識論に反することが示されている。
⑤ 権威（学説・最高裁判決）が的確に示されている。

> ⑥ 統計データ・数字が示されている。

　左頁（2）のパターンの場合にはその事案のおかしさを強調していけばおのずと勝訴に近づくはずです。（3）のパターンの場合には，価値判断としてあなたが主張しているものが正しいことを説得していく必要があります。こうした場面では，あなただけが主張しているわけではないこと，つまり多数の人が支持する考えであることを示していくことが重要です。（2）のパターンの場合でも，裁判官がもともともっている価値判断が多数に支持されることを確認できますので，同じく強調していく必要があります。

　（1）のパターンの場合には，根底にある考え方が異なるため，なにをいっても「のれんに腕押し」になるかもしれません。それでもおかしさを伝えていく必要があります。この場合，純粋におかしい，おかしいということを，（左頁の）①・②の議論を中心に述べるだけではむずかしいでしょう。③・④も，考え方によって見方が変わります。そこで客観的な正しさの裏づけとして⑤・⑥について重点的に文章が書けるとよいです（もっとも，そもそも（1）のパターンの場合には，学説も判例からいくと厳しい事案も多いと思います。このあたりが悩ましいところです）。

　大事なことは「心を動かす」こと自体は簡単なことではないため，その裁判官との関係でどの部分を強調すれば，その裁判官の心に響きそうかを考えることです。

　「心を動かす文章」の要素を前提に，どのように書けばよいかについては，第4章で具体的にお話しします。また，訴訟で勝つための文章については第5章で解説します。

第1章
読みやすいといわれる文章を書く技術

　本章では,「読みやすい」といわれる文章を書くために必要な,具体的な技術を明らかにする。
　全部で20の技術がある。1文を短くする,主語と述語が結びついている,改行や章立てナンバリング,タイトル,小見出しなどがきちんとできているといった基本的なことから,文章のリズム,自由自在に速読できるようにつくるといった視点まで,幅広く身につけられたい。

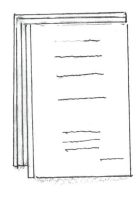

8　1文が短い

　司法試験の論文試験では「1文を短くしましょう」といわれます。あなたもこの点を意識して論文試験を突破された方かもしれません。司法試験の論文試験に限らず，一般的な文章の書き方をテーマにした本でも，必ずといっていいほど「1文を短くしましょう」といった指摘がされています。「1文を短くすること」は「読みやすい文章」の王道です。

　1文が短い文章の良さは，なにより読み手にとって「読みやすい」ことです。新聞や雑誌などがそうですが「1文が短い」と，すらすらと読むことが可能になります。それは日本語が結論を最後にもつ文章だからです。1文が長ければ長くなるほど，理解するのに時間がかかる構造になっているからです。

　裁判官に提出する書面は，**忙しい裁判官にさっと読んでもらう**ものです。できる限り「1文は短く」しましょう。**1文を短くするためのコツは，単文で区切ることです。最初に書くときは長い文章でもよいので，推敲をきちんとすることです**。推敲をする際にリズムがわるくなっている箇所をみつけます。リズムがわるいのはたいてい1文が長いからです。その1文を短くする工夫をします。

　推敲段階でやればよいと考えれば，最初に文章を書くときにはのびのびと書き連ねることができます。1度書いた文章は書きっぱなしではなく，何度も読み返して推敲をします。パソコンで書いた文章も，**プリントアウトして紙で読んでみると，客観的にみることができます。プリントアウトした文章に赤字をたくさん入れます**。この段階で「1文を短

く」していくのです。

　では，どうやって短くしていけばよいでしょうか。
　法律家が書く文章でも長い文章があります。それは判決文です。最近の判決文はひらがなが多く，読みやすいといいました。しかし読みやすいのは，裁判官の文章が上手だからで，1文が短いわけではありません。
　判決文の1文が長いのには理由があります。おそらくその事件だけでなく，他の事件でも，先例やリーディング・ケースとして用いられる可能性があるからです。それを見越して，さまざまな解釈の余地を残しているからだと思います。
　実務家は判例を解釈し読みこむ必要があります。しかし1文が長いことまで，まねする必要はありません。**文章の役割が違う**のだとわりきって，あなたが書く文章との違いを認識したほうがよいです。

　実際に1文を短くするトレーニングをしてみましょう。最高裁の判決文を修正するのは，ずいぶんと失礼な話かもしれません。もし同じ内容で1文を短くするとしたらどうするかを，以下示します。

【最高裁平成17年1月25日第三小法廷判決・民集59巻1号64頁の「1文を短くする」と，こうなる。】
　「そして，前記事実関係によれば，本件ストックオプション制度は，B社グループの一定の執行役員及び主要な従業員に対する精勤の動機付けとすることなどを企図して設けられているものであ~~り，~~る。B社は，上告人が上記のとおり職務を遂行しているからこそ，

第1章　読みやすいといわれる文章を書く技術　[8]

> 本件ストックオプション制度に基づき上告人との間で本件付与契約を締結~~した~~**した**。**B社は，この契約に基づき，**上告人に対して本件ストックオプションを付与したものであ~~って~~**る。そうである以上，**本件権利行使益が上告人が上記のとおり職務を遂行したことに対する対価としての性質を有する経済的利益であることは明らかというべきである。」
>
> 注）二重取消線，下線・強調部分は筆者が修正・加筆をした。

　これで「10行にわたる1文」を「4つの文」に分解することができました。**判決文を解析するにあたっては，こうした長い文章を読み取る力を身につけることが重要**です。しかし**文章を書く側になったときには，1文を短くすることで，早く読めるように工夫をすることが大事**です。

　1文を短くする方法はさまざまです。大事なことは**伝える内容（意味）を変えなければよい**ということです。同じ内容がその文章から伝わるのであれば，書き方や順番は変えてもよいのです。
　こうした観点から，あなた自身が書いた文章を**推敲**してください。最初から短い文章をびしっと書ける人は少ないと思います。推敲をすることで，文章はしまったものになります。
　まずは書いてみる。そして**推敲のときに短くする**。このスタンスがやりやすいです。

9　主語と述語が結びついている

　主語と述語が結びついている文章。日本語の文法としてはごくあたりまえの文章です。そんなことあたりまえじゃないか，と思う方もいるかもしれません。しかし実際にはこれができていない文章が多いです。その理由は長い文章を書こうとするからです。1文を短くしている限りは，主語と述語が結びついていない文章を書くことはあまりないと思います。みればすぐにおかしさがわかるからです。

　たとえば「わたしは昨日，三省堂書店で憲法の判例百選を買った。」という文章では，「わたしは」が主語で「買った」が述語です。主語と述語がきちんと結びついています。これが長い文章になると，不思議です。次のような，主語と述語のねじれ現象が発生しやすくなります。

> 【1文が長く主語と述語が結びついていない文章】
> 「わたしは昨日神保町にある顧問先の会社で打合せがあったのだが，事前の準備が功を奏したのか予定より早く終わったので，近くの古本屋街をぶらぶらしているうちに三省堂書店をみつけなかに入ってみることにし，3階の法律書コーナーに行ったところ憲法の判例百選の最新版が平積みされていたので，これはと思いすぐにレジで購入した。」

　この文章の主語は「わたしは」ですが，そのあとが複文になっています。述語が「打合せがあった」「早く終わった」「平積みされていた」「購入した」などたくさんあり対応していません（少なくとも対応がわか

りにくいです)。このように1文を長くすると，**主語と述語が対応していない「ねじれ現象」**が起きはじめます。これを防止するためにも1文は短く書いたほうがよいのです。

　野口悠紀雄氏も「主語が示されたあと述語が現れないと，読者のストレスが高じる。そして，文章がねじれると，読者の頭の中もねじれる。私の観察では，文章が読みにくい原因の8割程度は，「(主述)泣き別れシンドローム〔かっこ書は筆者。次も同じ〕」と「(主述)ねじれシンドローム」にある」といっています(野口悠紀雄『「超」文章法』〔中公新書，2002年〕159頁)。

　主語と述語がきちんと対応しており，適切な表現がされていれば，じつは長い文章でもそれほど問題はありません。小説を織りなす文章では，短文を重ねていくスタイルの作家がいる一方で，長い文章を得意とする作家もいます。それでも読者がついてくるのは，1文が長くなっても主語と述語がきちんと対応しており，読みやすさが保たれているからです。

　これを作家のような特殊な才能がない人がやろうとすると，たいへんです。書き手の側から考えても「書きやすい文章」は，本来「1文が短い」のです。**長い文章を書こうとする人は，婉曲的な表現などを入れて，かっこよく文章を書こうとしています**。

　たとえば，判決文の場合，ひらがなが多く最近のものは読みやすいといっても，1文は長いものが多いです。さまざまな解釈の余地を残すことを目的としているからだと考えられます。このことはすでにお話ししました。野口悠紀雄氏は「〔わかりにくい文にするために〕一番効果的なのは，文のレベルでは複文を多用し，1度読んだだけではわからない複雑な構造の文にすることだ。また，修飾語と被修飾語の関係を曖昧にし，

いかようにも解釈できる余地を残す。」といい，わかりにくい文章をわざと書くことを「悪魔の知恵」といっています（野口・前掲188頁）。

岩淵悦太郎氏も「裁判の判決文」を「悪文のチャンピオン」といっています（岩淵悦太郎編著『悪文〔第三版〕』〔日本評論社，1979年〕）。

悪文かどうかはともかく，わざと複文を多用して，1文が長い文章を書くこともできます。このように**長い文章を書く場合ほど，主語と述語が対応するように気をつけましょう。これも推敲段階でチェックすることが重要**です。

ひとつは1文を短くして単文化することで，主語と述語の結びつきを確保する方法があります（「8　1文が短い」参照）。これを**A方式**といいましょう。もうひとつは，1文の長さは変えず（1文を長くすることに意味があるのであれば，長いことそのものは悪ではありません），主語と述語の対応をチェックする方法です。これを**B方式**と呼びましょう。

さきほどの長い文章で実践してみるとこうなります。

A方式（1文を短くして単文化する方法）

「~~わたしは~~昨日神保町にある顧問先の会社で打合せがあった~~のだが，~~。事前の準備が功を奏したのか予定より早く終わった~~ので，~~。近くの古本屋街をぶらぶらしているうちに三省堂書店をみつけなかに入ってみることにし~~，~~た。3階の法律書コーナーに行ったところ憲法の判例百選の最新版が平積みされていた~~ので，~~。これはと思い，わたしはすぐにレジで購入した。」

> **B方式**（1文の長さは変えず，主語と述語の対応をチェックする方法）
> 「~~わたしは~~昨日神保町にある顧問先の会社で打合せがあったのだが，事前の準備が功を奏したのか予定より早く終わったので，近くの古本屋街をぶらぶらしているうちに三省堂書店をみつけなかに入ってみることにし，3階の法律書コーナーに行ったところ憲法の判例百選の最新版が平積みされていたので，これはと思い<u>わたしは</u>すぐにレジで購入した。」

二重取消線，下線・青字で強調した部分が加筆・修正をした部分です。A方式もB方式も間違いではありませんが，どちらが読みやすいか（書きやすいか）といえばやはりA方式でしょう（小説であればぶつぎりのA方式よりもB方式のほうがリズムなどがあり面白いかもしれません）。

<u>推敲の際に工夫を重ねる</u>ことで，読みやすい文章ができます。

10 主語や述語の順序が統一されている

　日本語の文章は，主語が最初にあり，最後になってようやく述語がでてくるものが多いです。実際には，倒置法などさまざまな表現方法もあるため（たとえば「驚いたのだ，彼女はそのとき。」という表現もあります），それぞれの感覚で，そのときどきの雰囲気で文を組み立てているのが実情だと思います。

　日本語の「文の組立て」について，一般的な公式はなかなかみあたりません。しかし実際はどうかというと，仕事やビジネスで書く文章には「お約束」や「暗黙の了解」など，その文書の型のようなものが存在していることが多いです。

　学校時代に作文を書くときは，自由に書いたと思います。しかし社会人になると，文書を作成するときには「フォーマットはありますか」「ひな形はありますか」「サンプルはありますか」ときく人が多いです。これはわるいことではありません。仕事やビジネスで書く文章では，オリジナリティは求められていないことがほとんどだからです。

　もちろん内容的なオリジナリティが求められているものもあるでしょう（たとえば企画書であるとかプレゼン資料など）。

　しかしその文書の書き方については，ほぼ「お約束」的に先輩がつくってきた型のようなものが存在しています。お礼状などの手紙を書くときに決まりごとがあるのと同じです。

　このように書かなければならないという明確な決まりがあるわけではないのですが，「ふつうはこう書く」というのがあります。こうした業

界の決まり（お約束）には，ならっておいたほうが無難です。

なぜなら**その手の文書を読む人は，だいたいその文書の型というものを知っていて，そのとおりに書いてくれることを暗黙のうちに書き手に求めている**からです。

その型から外れていると「この人は素人か」と思われてしまいます。素人かと思われるということは，専門家としての能力を疑われているということです。書きぶりが原因で信用を失っては元も子もありません。

最近ではメールで仕事をすることがあたりまえになってきました。だれが決めたわけでもありませんが，仕事で書くメールの文書にもなんとなく型のようなものがあると思います。それと同じです。

裁判所に提出する書面も，文の組立て方についての決まりはありません。決まりはなくても，裁判官が書く判決文では，「だれが，だれに対して，いつ，なにをした」という順序で書くものが多いです。

特に法律文書でよく登場する契約締結のシーンなどで，次のパターンで書くものが多いです。

（例その１）

「Xは，Yとの間で，平成23年８月１日，消費貸借契約を締結した。」

（例その２）

「Aは，Bに対し，平成23年９月１日，売買契約に基づき，100万円の支払いを求めた。」

> （例その３）
>
> 「甲は，乙に対し，平成23年10月1日付けの贈与契約に基づき，その履行を請求した。」
>
> （例その４）
>
> 「XY間の平成23年8月1日付け消費貸借契約に基づき…」

　ほかの順番で書く判決もみられます。大事なことは<u>その書面のなかでの主語や述語などの順序をなるべく統一する</u>ことです。多少のずれはそれほど気になりませんが，<u>型があるほうが安心して読みすすめることができる</u>からです。

　統一のとれた文章は裁判官の判決文を読むと勉強になります（1文は長いものが多いですが）。同じ事件でも第1審→控訴審→上告審と，それぞれの判決文を読み比べてみると，それぞれの裁判官にくせがあること，ただしその判決文のなかでは型ができている（統一されている）ことがわかります。

11 用語が統一されている

　文章は言葉で伝える媒体です。最近では（裁判所に提出する準備書面などでも），図表や絵を入れることでイメージを伝える手法も増えてきました。といっても，図表や絵はあくまで言葉で書かれた「文章」を補足するためのものです。図表や絵だけでは，読み手にものごとを伝えることはできません。

　そこで大事になってくることは，どのような言葉を使って文章を書くかということです。言葉の選択については文体をどうするかという問題もありますが（「26　適切な文体を使っている」），ここでは用語の統一についてお話ししたいと思います。

　書籍や雑誌の原稿などを書くと，編集作業のときに「用語の統一」が行われます。これは主として編集者の方がその出版社の用語例などにならって調整をしてくれます。書き手の側でもその文章のなかでの「用語の統一」という視点を意識することになります。

　小説やエッセイなどの読み物の場合には「用語の統一」をがちがちにやってしまうと，文章そのものが味気ないものになります。小説やエッセイでは，文章そのものに楽しみや面白さがあるからです。

　これに対して裁判所に提出する書面は，裁判官を楽しませるためのものではありません。裁判官は業務としてたくさんの書面に目を通します。文章そのものに楽しさや面白さは求めていません。大事なことは，「使われている言葉の正確性」になります。

　「使われている言葉」が正確であることは，法律文書の基本です。法

律文書では，法律に照らしてどのような効果が生じるかという厳密な認定を行い，あるいは行うためにひとつひとつの事実を正確に書くことが求められているからです。話し言葉やブログで書くような文章では，「その人があんなことをしたんですよ」「あのとき先生がいってたことですね」というようなあいまいな表現が許されます（むしろゆるく話すことでコミュニケーションが円滑になり楽しくなります）。

しかし法律文書ではそうはいきません。ひとつは読み手が知らない人だからということが挙げられます。だれが読んでも一義的に事実を正確に理解できるように文章を書くことが求められるからです。

もうひとつは，ひとつの言葉に複数の意味をもたせると，文章に解釈が必要になってしまい，内容があいまいになってしまうからです。

法律家が書く文章では，必ずといっていいほど定義を書きます。その用語の意味をその文章のなかで「これですよ」と特定するためです。一般的にはほかの意味があるかもしれないけれども，この文章のなかではただひとつの意味としてこの言葉を使いますよ，と告知をするのです。

こうした観点から，裁判所に提出する書面については「用語を統一」することが強く求められます。用語を統一して書くことで，裁判官に主張や事実を正確に理解してもらうことができるからです。

ほんとうはすべて同じ意味で使っているのに，さまざまな言葉を使ってしまうようなことがあります。たとえば，「Aグループ」「Aホールディングス」「Aホールディングス株式会社」「A社グループ」「A社系グループ」「Aホールディングスの関係会社」「A社の関連会社」といったような具合にです。こうした場合（すべて同じ意味で使っている場合であ

れば），どれかひとつの言葉を選択して（そこで定義をきちんと書きます），その文章のなかではすべて同じ言葉（用語）を使うことです。これが「用語の統一」です。

　パソコンを使って文章を書く限り，「用語の統一」はあとからでもできます。あとからというのは，いったん文章を書き終えてからという意味です。推敲や編集の段階で「用語検索」機能や「置換」機能を使えば，ひとつの言葉に「用語を統一」をすることは，それほどむずかしくありません。
　文章を書いているときはノリも大切です。細かい点に配慮しながらだと書きにくいという方は，あとから「用語検索」「置換」などの機能を使って修正する方法が有用です。

12 改行が適切にされている

　改行がきちんとできる人にとっては，いまさらという話だと思います。できる人にとってはあたりまえのことですが，ロースクール生の書いた論文やレポートなどをみていると，改行が適切にできていないものが見受けられます。法曹に成り立ての人や法曹でない人の文章を読むと，やはり改行が適切になされていないものがあります。

　改行が適切にされている文章というのは，どのような文章でしょうか。これはいつも適切になされているものを読んでいる（あるいは書くことができる）人にとってはピンと来ないかもしれません。
　しかし改行が適切でない文章を読む機会があれば，きっともやもやとした感じがして，文章の不自然さ（違和感）に気がつくと思います。**文章を添削する側に立つと意外に目立つのが「改行」という技術です。**

　改行を適切にするためには，じつはさまざまな要素があります。純粋**に内容的なまとまりごとに改行をすることにとどまらず，改行をした際には最初のマスをあける（1マスあける）**といった形式的なことも多くあるからです。具体的には，次の要素です。

> ① 最初の文章は1マスあける。
> ② 内容的なまとまり（段落）ごとに改行を行う。
> ③ 改行後の最初の文章は1マスあける。
> ④ 見出しや小見出しなど項立てを変えたときに1段下げる。

> ⑤ ④で１段下げた最初の文章は１マスあける。

　改行を適切に行うことは、法律文書における暗黙のルールにのっとり形式を整えることです。**形式を整えることで法律家（専門家）が書いた文章だという安心が読み手に生じます。**改行のルールが適切になされていない文章では、法律家ではないなと思われるおそれがあり、裁判官によい印象を与えられません（内容がきちんとしていても）。

　内容的なまとまりごとに段落を変えて最初の文は１マスあけることは、小学生のときに国語で習ったと思います。段落を整理することは、内容のまとまりをほどよく調整していくことです。
　改行がなく段落変えがないまま続く文章には、まとまりが感じられません。ダラダラと筋道も立てずに論じている印象が残ります。**ほどよい改行感覚をもって、適宜改行を行うことが必要です。**
　だいたいのものは１頁のなかで３〜５回くらいは改行がなされているものです。少なくともそれくらいのリズムをもって段落変えを行い、改行をすることです。

　まとまりごとに段落が変わり、改行が行われ、形式が整うことは、読む側からすると、整理された文章を安心して読めるということです。読み手である裁判官の負担を軽減するためにも（読み手に対するサービスとして）、改行は適宜行ったほうがよいです。

13 章立てが適切にされている

　章立てというのは，章を立てることです。裁判所に提出する書面では「第1章」「第2章」「第3章」…という本格的な「章」を立てることはあまりないと思います。

　多くは「第1」「第2」「第3」…という項目を立てると思います。裁判所の書面は，平成13年に現在の横書き（A4）形式になってから，「第1」「第2」「第3」…という項目を立てるようになりました。

　これにならい，弁護士などが作成する訴状や準備書面でも決まって「第1」「第2」「第3」…という項立てから入るものがほとんどです（平成13年に横書き（A4）になるまえは，縦書き（B5）で，「一」「二」「三」という項立てをしていました。これを業界では「ヨコイチ」「ヨコニ」「ヨコサン」と呼び，次のレベルで登場する「1（タテイチ）」「2（タテニ）」「3（タテサン）」と区別していました）。

　現在の章立てのルールは，判決文では「第1」→「1」→「(1)」→「ア」→「(ア)」と進んでいくのが通常です。厳密な決まりがあるわけではなく，「ア」のレベルになると他の項立てをした判決もありますが，多くの裁判官はこのルールで項立てをして判決文を書いています。

　これにならって弁護士などが書く準備書面もこの順序で書いていくものが多いです（ナンバリングの詳細は次項に書きます）。

　こうしたレベルで章立てを行うためには，全体の構成がきちんとできている必要があります。全体の構成（目次）はこうした章立てをみることでわかります。

具体的には，次項以降でお話するナンバリングであるとか，小見出しをつける，タイトルをつけるといった話になるのですが，大前提として，章立てがきちんとできている必要があります。

章立てをきちんと行うためには，まとまりを意識することが重要です。ブロック感覚といってもよいかもしれません。だらだらと文章を書き連ねるのではなく，**全体（森）をみたときに，どこにどのような枝葉のまとまり（木）があるのかを意識する**ことです。

　一般の文章で行う章立ては，書き手のオリジナリティが問われます。文章の内容によってもさまざまです。

　法律文書の場合には，その文書の書式を入手することができれば，1番上のレベルでの章立て（まとまり）はだいたいの目安があります。

　訴状であれば，「請求の趣旨」と「請求の原因」の2つに分けたうえで，「請求の原因」のなかでは，「事案の概要」「当事者」「請求の原因1」「請求の原因2」…「結語（結論）」といった順序のものが多いでしょう。控訴理由書であれば，「事案の概要」「争点」「原判決の判示」「原判決の誤り1」「原判決の誤り2」…「結論」といったものが一般的だと思います。

　その意味では，型がある書面では書式などをみて1番上のレベルの項目を参考にすれば，大枠（1番上のレベルの章立て）はできます。あとは次のレベル（2番目のレベル）での項立てをすることになります。

　2番目のレベル以降の項立てについては，必ずしも書式があるわけではありません。また，準備書面のような特定の型がないなかで自由に主張を組み立てる書面もあります。

こうした**書面で項目を立てられるようになるためには，トレーニングを積んで感覚を身につけていくしかありません。**

　内容によって大きく変わるところなので，どの書面にも共通する技術はお話ししにくいですが，一般的には，次の点に気をつけます。

・**1番上のレベルを適度な量にまとめる。**
　→第1～第5くらいが適量。多いときでも第9くらいまでにし，それを超えるような場合には項立てを再検討するか，別書面にします（準備書面は1度に2通に分けてだしても問題ありません。量が多くて内容的にも2つに分かれる場合（たとえば，相手方の書面に対する反論で1通，当方の主張を書いた書面で1通）には，分けたほうがすっきりします）。

・**大きなレベルで論ずべきポイントは奇数にする。**
　→「問題点は1つである」「争点は3つある」「原判決の誤りは5つある」といった奇数を使っているほうが，すわりがよいです。決まりはありませんが，「4」「6」「8」などは使わないものが多いです。
　1番使いやすいパターンは，大きな意味でのポイントを3つにし，「第1」で「はじめに」などの要旨を書き，「第5」に「まとめ」などの結論を書き，その間（第2～第4）にポイントを3つ書くパターンです。

・**2番目以降のレベルでは，同じパターンをくりかえしリズムをつける。**
　→たとえば控訴理由書などでは「1　原判決の判示」「2　原判決の誤り」といったパターンをくりかえす書き方にすると，項立てがしやすく読みやすく（書くほうも書きやすく）なります。準備書面などでは

「1　被告の主張」「2　被告の主張の誤り」「3　原告の主張」といった主張を切り口にした項立てをする方法があります。

・**それ以降のレベルについては，小見出しをつけることで項立てをしていく。**

　→小見出しをつけるくせをつけると，内容のまとまりごとに項立てができるようになります。「（1）本件契約を締結した経緯」「（2）本件契約の内容」「（3）本件契約の不履行」「（4）被告に対する催告」「（5）被告の履行拒絶」といったような小見出しです。

14 ナンバリングが適切にされている

現在の章立てのルールは，判決文では「第1」→「1」→「(1)」→「ア」→「(ア)」と進んでいくのが通常だというお話をしました（「13　章立てがきちんとできている」）。ここで登場した「第1」「1」などのナンバリングについて詳しくお話ししようと思います。

ナンバリングがない準備書面はあまりありません。司法試験の論文試験のトレーニングの成果からか，司法研修所での起案のトレーニングの成果からか，ナンバリングをまったくしない人はあまりいません。

ナンバリングで大切なことは，次の点です。まず，**番号の順序が正しく整っていること**です。あたりまえのようですが，実際にはきちんと見直しをしなかったがために，ナンバリングが正しくない書面が見受けられます。

たとえば，「第1→第2→第3→第3→第4」のようなもの（「第3」が重複している），「第1→第2→第3→第5」のようなもの（「第4」が抜け落ちている）です。

原因としては，文章を書いているうちに忘れてしまう場合（勘違いをしてしまう場合）のほか，加除訂正をくりかえしているうちに当初のナンバリングから構成が変わったにもかかわらず，番号はもとのままになっている場合もあります。

これらは**提出前に必ず確認（見直し）をするくせをつけることで防ぐ**ことができます。ひとつくらいのミスであれば（忙しいのだろう，と）目をつぶってもらえますが，**あまりにケアレスミスが多くなると，信用性がなくなってしまいます**（全体的に練られていない書面だという印象を

与えてしまいます)。注意が必要です。

　次に大事な点は，**全体のバランスを考える**ことです。「13　章立てがきちんとできている」でもお話ししましたが，すわりのよさを考えるとナンバリングは，奇数でだいたい３〜５くらいでまとめていくのが無難です。また，特定の項目（まとまり）だけが目立って長いというのはバランスを失しますので，調整が必要になります（特定の項目が長い場合には，全体の構成を見直したほうがよい場合が多いです）。

　たとえば，「第１」のなかに１〜12まであるのに，「第２」「第３」は１〜３までしかないという場合は，「第１」だけが長すぎバランスを欠いています。「第１」が重要だということはわかりますが，そうであれば「第１」のなかにある要素を大きく３くらいに分解して，「第１」「第２」「第３」と大きなレベルに修正したほうがよい可能性があります。

　ナンバリングのバランスは目安に過ぎません。ただ，全体を整えるという観点

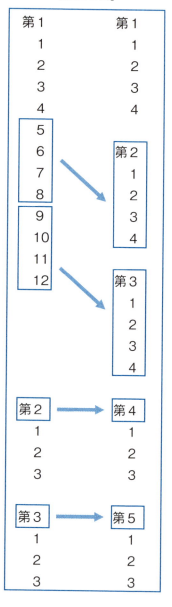

では，項立ての数や項立てごとの分量（ページ数）を単純に比較して，だいたい同じくらいに平均させるという方法があります（こだわりすぎる必要はありませんが，①重点が同じくらいであれば平均させ，②重点が特定のものにある場合にはその項立ての分量が多くなるようにする調整法があります）。

　ナンバリングをした項立ては，レベルが下にいくにつれ，字下げを行うのが通常です。必ずしなければならないものではありませんが，このほうが読みやすく，すっきりします（なお，字下げはやりすぎるとかえって読みにくくなるのでバランスを考えて控えることも必要です）。

　複数の要件や要素を列挙する場合には，①，②，③…といった丸囲み数字を使うこともよくみられます。番号をふることで，その後の文章でも特定がしやすくなります（「要件①」と書けば，あとで重複して記載する必要もなくなります）。

　ひとつの書面のなかで①，②，③…をたくさん使ってしまい，どの①を指しているのかがわからなくなる場合があります。こうしたことがないよう，特定をする際には工夫が必要です。たとえば，ⅰ），ⅱ），ⅲ），あるいは a），b），c）といった別の記号を使う，あるいは「第1.2（2）の①」と特定するなどです。

15 タイトルが適切に書かれている

　項立てを行い，ナンバリングをすると，文章全体が整理され，すっきりとした印象になります。これまでお話ししてきたようなポイントを意識し，全体のバランスを考えながら，まとまりごとに整理ができると，忙しい裁判官でも，すっと理解できる書面になります。
　準備書面など文章の内容が，まとまりごとに書かれていると，そのまとまり（ブロック）ではなにが論じられているのかが，読み手にも伝わるからです。もっともこれは，読んで初めてわかることです。

　裁判官が内容を読みはじめるまえに，そのブロックになにが書かれているかを伝える方法があります。それが **「タイトル」** です。
　タイトルは，「第1　本件訴訟に至る経緯」といった，まとまりごとの題名にあたる部分です。タイトルを書かないナンバリングだけの書面もあります。しかしこれだけだと，読みはじめるまえに書面を概観して，およそなにが書かれているのかを推測することがむずかしくなります。
　これに対して，**タイトルが適切に書かれていると，読み手である裁判官は，あたりをつけることが可能になります**。書面の内容を読みはじめるまえに，全体を概観して，「第1には××が書かれているのか。第2では○○だな。第3で……があって，第4で…」というふうにです。

　わたしたちがふだん目にする文書では，じつはタイトルが適切に書かれているものが多いです。週刊誌などの雑誌もそうですし，よくできたホームページなどもタイトルで目を引くように工夫がされています。ヤフーニュースなどのインターネットニュース（速報）では，タイトル

（ヤフーは13文字）のみが表示されており，そのタイトルだけで読者は情報を得ます。そしてそのタイトルの内容に興味があるとそれをクリックしてさらに詳細な記事を読むことができます。

　読み手の側にいるとあまり実感のないまま，利便性を当然のごとく享受してしまうものです。しかし書き手の視点に立って考えてみると，いかに工夫が凝らされた仕掛けになっているかがわかります。実際，わずか13文字のタイトルでニュースの内容を伝え興味をもってもらうための作業を日夜されているヤフー・トピックスの考え方はたいへん参考になります（奥村倫弘『ヤフー・トピックスの作り方』〔光文社新書，2010年〕）。

　法律文書では，まだまだタイトルが上手ではないものが多いです。タイトルを磨きたい方は「見出し」に力を入れている一般誌，一般の書籍，ホームページなどを研究するとよいと思います。

　タイトルで大切なことは，字数を限定することです。伝えるべき内容を正確にしようとすればするほど，文字数は増えていきます。しかしタイトルの目的は，読み手である裁判官に，ぱっとみてぱっと内容を理解していただくためのものです。忙しい裁判官にそのブロックが重要かどうか（読む必要が高いかどうか）を判断してもらう装置にもなります。

　ぱっとみて瞬時に情報を伝えるためには言葉をそぎ落としていく必要があります。フルネームや正式名称ではなく略語やキーワードを使うほうが短くできます。まずは短くすることを工夫すべきです（5，6行にわたる文章のようなタイトルは，タイトルのこうした目的・効果を発揮しにくくなります。文章で長く書くのであれば，それは「要旨」として作成したほうがよいと思います）。

裁判官に読んでもらう準備書面などの法律文書では，単に情報を伝えるだけでは足りません。目的は依頼者の勝訴です。情報が瞬時にわかるタイトルであっても，マイナス（不利）に働く情報を植えつけるような記載では本末転倒です。そうであればタイトルがないか，わかりにくいタイトルのほうが，まだましです。

　訴訟活動の一環として書面を記載している以上，タイトルは読んだ裁判官の心証に有利な効果を与えるものでなければなりません。相手の主張が誤りであるといった消極的な記載のみのタイトルでは，効果がうすいです（マイナスにはなりませんが，タイトルだけでこちらに積極的に良い印象を与えるものにはなっていません）。

　具体的には，「1　被告の××という主張は誤りであること」といったタイトルです。こうしたタイトルも使わざるを得ない場面もあると思います。しかしできれば，なぜ被告の××という主張が誤りなのか，その理由を積極的に（かつ短く）記載したいところです。**タイトルにはできる限り積極的な主張になるようなキーワードを使う**ことです。

　短く効果的なタイトルを作成するためには，**読みやすさ（リーダビリティ）**も軽んじてはいけません。ポイントは，言葉をむずかしくしないことです。大人であればだれでも（話し言葉で耳で聞いたとしても）すぐに理解できるような言葉で書くことです。

　むずかしい表現や，まわりくどい言い回しは，得策ではありません。**口頭だけで読み上げられたときに，その内容（情景）がすぐにあたまに浮かぶようなタイトルを心がける**ことです。

16 小見出しまでつけられている

　項立てがなされ，ナンバリングされ，的確なタイトルができると，読み手である裁判官が文章全体の情報（大枠）を素早くつかむことが可能になります。「第1　××であること」といったタイトルを目で追っていくだけで，だいたいどんなことが書かれているか想像がつきやすくなるからです。

　タイトルで的確な記載ができると，有利な心証をもってもらえるようなインパクトを与えることも可能だとお話ししました（内容がともなわなければならないことは，いうまでもありません。そうだとしても，<ruby>最初の印象<rt>ファーストインプレッション</rt></ruby>も重要です）。

　こうしたタイトルをつけるのはどのレベルまででしょうか。たとえば，次のような項立てとナンバリングがあったとします。あなたは，どのレベルまでタイトル（見出し）をつけるでしょうか。

```
第1
  1
   (1)
      ア
      …
   (2)
   (3)
  2
```

> 3
> 第2

　多くの方は，少なくとも「第1」「第2」…のレベルにはタイトル（見出し）をつけると思います。また，細かい配慮ができる方ですと，「1」「2」「3」のレベルまで見出しをつけている方もいると思います。しかし多くの方はここでストップという方が多いのではないでしょうか。

　ここからさらにふみこんで「(1)」「(2)」「(3)」…さらには「ア」「イ」「ウ」…のレベルまで見出し（小見出し）をつけてみてください。そうすると，読み手である裁判官がさっと書面全体を眺めたときに入ってくる情報がさらに増えます。**ななめ読みをする感覚で，見出しと小見出しをみるだけで，全体のトーンや内容（要旨）が感覚的に伝わるような書面**になります。
　ここまでできると，裁判官が多くの訴訟記録のなかの1通として読むときに「この書面は読みやすい」「わかりやすい書面だ」と思うような，光る書面になるはずです。

　小見出しをつけるのは楽なことではありません。めんどうくさい部分があると思います。**あえて書かなくても書面を読み込めばわかることをあえて，小刻みにして小見出しをつけていく。時間と根気がいる作業ですが，重要です。**

読者層が限定されない，だれもが知っているような雑誌を眺めてみてください。そこには小見出しがたくさんあると思います。これは「雑誌の読者は，勉強をするときや仕事をするときなどのように，真剣に文章を最初から最後まで読み込むわけではない」という前提のもとで記事がつくられているからです。

　美容室や床屋で雑誌を手渡されたときに自分自身がどういう行動にでるかを考えれば，わかると思います。多くの場合は（よほど読みたい記事でもない限り），その雑誌をパラパラめくりながら，写真や絵や大きな見出しや小見出しを眺めているのではないでしょうか。しかしこうした読み方でも，十分に情報が読み手に伝わるように（100％でなくても）雑誌はできています。

　裁判所に提出する書面でもこうした見出し・小見出しの利点を応用してみることです。仕事で読んでいるとはいえ，山積みの訴訟記録を常時抱えた裁判官です。あなたが美容室や床屋でぱらぱらと眺める雑誌と，それほど変わらない扱いを受けている可能性もあります。

　それでも目を引く（内容があたまにすんなり入ってくる）書面にするためにも，小見出しレベルまで記載して，**読者である裁判官にたっぷりとサービスをする**ことです。めんどうだと思わず，積極的に工夫をしようと意識することが重要です。

17 内容が整理されている

　これまでお話をしてきた章立てをする，ナンバリングする，タイトルをつける，小見出しをつけるといった形式的な作業は，結局のところ内容を整理するための工夫でもあります。まとまり（ブロック）を書面のなかにつくっていくことは，内容的な整理があって初めてできることだからです。

　もっとも，内容の整理はこうした形式的な作業さえ行えばよいのかというと，そうではありません。ここでは内容を整理するための具体的な工夫の仕方について，お話ししたいと思います。

　内容を整理するための視点には，次のものがあります。

> ① 時系列に沿って整理する（事実関係など時の経緯がある場合）
> ② 要件ごとに整理する
> ③ 争点ごとに整理する
> ④ 法解釈の争い（問題）と事実認定の争い（問題）を分ける
> ⑤ 争いのある事実とそうでない事実を分ける
> ⑥ 客観的事実（動かない事実）とそうでない事実を分ける
> ⑦ 勝敗を決するにあたり重要なものとそうでないものを分ける
> ⑧ 相手の主張をまとめ，それに対する当方の主張・反論を書く
> ⑨ 法的な主張たりえないものは排除する（感情論など）
> ⑩ ⑨で排除しきれないものは「背景事情」として他から分けて書く

内容を整理するためには,「ひとつの視点」をもつことが重要です。 やみくもに整理しようとしても,いきあたりばったりの統一感のない書面ができてしまいます。

その書面の位置づけや特色ごとに,どのような視点を選択するか,その視点に沿ってどのように内容を整理するかを意識することが大切です。視点をもつことができれば,あとは項立てなどに反映することができますので,それに沿って内容(文章)を組み立てればよいことになります。

上手に内容を整理できるようになるためには,内容を整理する視点を意識しながらトレーニングを積み重ねるほかありません。しかし視点そのものは知らないと意識できるものではありません。

法律文書に限らず,一般的に内容を整理し論理的に文章を書くための視点を知りたい方は,もっと論理的な文章を書くための視点を挙げた拙著(『もっと論理的な文章を書く』〔実務教育出版,2011年〕)をお読みいただければと思います。

18 文章にリズムがある

　文章は得体の知れないものです。言語そのものにルールがあるとはいわれていますが（いわゆる文法です），日本語の文法について法律のように厳格な文法のルールが決められているわけではありません。同じ日本語でも地域によって方言があるように，使い方が異なるものはいくらでもあります。また時代によっても言葉は変遷していきます。

　高校時代にあった古典の授業では日本人が書いた文章であるにもかかわらず，翻訳が必要な文章をたくさんみてきたと思います（『枕草子』『徒然草』『方丈記』など）。どれも現代文に翻訳した文章を読むと，そういうことかとわかりますが，原文だけを読んでみてもなんのことやらわかりません。

　1000年，500年まえでなくとも，100年くらいまえの文章でも漢語調でむずかしいです（福澤諭吉の『学問のすゝめ』『福翁自伝』などは，現代語訳が発売されているくらいです）。

　しかし法律のように日本語の文法ルールがどこかで改正されたわけではありません。**言葉は生き物なのです。**

　日本語にはルールがあって，その文法ルールをきちんと守らないものは文章ではない，といったことを言う人も世の中にはいます。しかし，果たして**日本語の文法ルールというのはどこに存在しているのかつきつめると，正体不明の不文律に近い**ものだということがわかります。

　裁判所や検察庁や官公庁などが作成する公文書については，漢字や送り仮名の使い方などについて**「公用文」**という一定のルールがあります。これは官庁として統一した文書作成をすることが公文書に求められてい

るからです(その文章を起案した公務員の個性は捨象される文章であることが,性質上求められています)。

小学校や中学校の国語(現代文)では,日本語には文法のルールがあるかのように教わります(もちろん文法はあります)。しかし実際に文章を書くときには文体もさまざまですし,なにをどういう順序でどう書くかなどはまったく書き手の自由です。そこが文章技術の本が必要になる大きな原因にもなっています。

フリーハンドの世界では,センスがある人が頭角をあらわします。ほんとうは文章など「センス」のひとことに尽きると思います。しかしそういってしまうと,元も子もないでしょう。ひとついえることは,センスだとしても,そのセンスは生まれもって特定の人だけがもっているという類のものではないということです。トレーニングと経験によっていくらでも磨くことができる。それが文章のセンスなのです。

どうやって磨いていくかという点が問題になりますが,1番良い方法はとにかく良い文章(お手本になる文章)をたくさん読むことです。あきるほど読んで,読んで,読みまくることです。法律文書ではそれほど個性は求められていません。書き手によって結果として個性はでます。しかしそれもある程度の書き方があるなかでの個性に過ぎません。

読む側(裁判官)には読みたい絵(イメージ)が,ほんとうはあるはずです。できる限りそれに近づけて文章を書くことが,裁判所に出す書面では重要になります。

そのためにはふだん裁判官が慣れ親しんでいる文章を読むことです。平成に入ってからの判例(特に最高裁判決など)を大量に読んでみるこ

とです。内容を深追いするのではなく，とにかく通して読んでいきます。そうすると（特に最高裁判決がそうなのですが），裁判所の判決文は個性的であるようで，文章そのものは非個性的（定型的）であることがわかります。**その流れを体得する**ことです。

　文章にはリズムがあります。文章のリズムがなにより大事だと一流の作家は口をそろえていっています。**小説はリズムについても作家の個性があり文体がありますが，法律文書ではある程度全員に共通的な文章のリズムがあり文体があります。**そのことを詳細に書き連ねたルールブックはありません。しかしおよその共通項はあります。それをつかむにはたくさんのお手本を読むことです。**法律家（特にジャッジをする裁判官）が好むリズムを体得する**ことが重要です。

　リズムをよくすることのポイントのひとつには1文を短くすることがありますが，それだけではありません。最高裁判決は1文は長くても，法律文書としての論理性やリズムは保たれています（大量に文章を読み，書き，感覚で身につけていくしかありません）。
　感覚的なリズムそのものをすぐに身につけることができなかったとしても，心配はいりません。これから述べるような具体的な技術を駆使することで，かなりの部分を補うことは可能だからです（結果的にリズムもよくなります）。

19 文章にアクセントがある（下線，傍点，太字・ゴシックなど）

　文章にリズムをつけることは，センス（感覚）の要素が強いため，文章技術として具体的にすることには，むずかしさがありました。自分の感じ方を頼りに身につけるしかない要素だからです。

　これに対して，技術論的に工夫をこらすことで，文章に見た目の強弱(アクセント)をつける方法があります。それが①下線を引くことであり，②傍点をふることであり，③太字（ゴシック文字）を使うことなどです。場合によっては，④フォントのポイント（字の大きさ）を変える（通常，準備書面や判決文は12ポイントですが，これを小さくしたり大きくしたりする）方法もあるかもしれません。

　このような技術的要素で文章にアクセントをつけることは，司法研修所では習いません。12ポイントで明朝で淡々と書くことが不文律であるかのように，こうした創意工夫の話は議論されることもありません。それは司法研修所が公文書である裁判官の判決文や検察官の起訴状などを作成するトレーニングを積むことを大きな目的にしていることと，弁護士が書く準備書面についてもワープロ（パソコン）が普及する以前においては，もともと手書きで書いていたということもあり，文章にアクセントをつけるという発想が存在していなかったからです。

　わたしも下線を引いたり，太字にしたり…といったアクセントを文章につけるという発想は，弁護士になるまでもっていませんでした。

　しかし税務訴訟などの裁判を担当するようになって，分厚い書面で法令の細かい説明や，判例の解説などまで書かなければならない訴訟の実情を肌で感じました。そして工夫をされている弁護士は，さまざまなア

クセント手法を使って文章が単調にならないように努力をされていることを知りました（税務訴訟で納税者が勝訴した事件の訴訟記録を裁判所で閲覧して知ったことです）。

　一般民事の訴訟が中心で和解などでの早期解決を目指した通常の民事訴訟をされている方からすると，文章にアクセントをつけることに違和感を感じるかもしれません。ぐちゃぐちゃしてけしからん，余計なことはしなくていいと思われるかもしれません。しかし5，6頁で終わる準備書面でこうしたアクセントをつけようという話ではありません。

　準備書面がある程度の分量（20頁，30頁以上）となったときに，**メリハリをつけることが読み手である裁判官に対するサービスになる**ということを指摘したいのです。

　忙しい裁判官が60頁の準備書面をどんと机のうえに置き開いてみると「所得税法36条1項にいう「収入すべき金額」とは……，すなわち，所得の年度帰属の問題について，所得税法は現金主義ではなく発生主義のうち権利確定主義を採用している。そして法的な権利の発生が確定したといえるためには……。この点，最高裁○○判決は…。また，東京地裁○○判決は……。」と，裁判官には聞き慣れない租税法の条文と法解釈と判例が，次から次へと書かれていたとします。

　これはどういう状態かというと，**その分野についてまったく知識がない人が「高校の教科書」を読むような感覚**だと思います。高校の教科書は基本的に（いまは知りませんが）白黒でメリハリやアクセントなどなく，淡々と無味乾燥な事実が書かれています。よくわからないなと思っても，それを丁寧に解説した文章はありません。

　そこで必要になるのが参考書です。**「わかりやすい参考書」**です。こ

れと同じ発想で，準備書面で専門的な法分野の法解釈を議論するときには，「わかりやすい参考書」を裁判官に渡すつもりで書くのです。高校生が学校の教科書では眠くなるだけなのに，定評のあるわかりやすいテキスト（参考書）だとぐんぐん理解をしていくのは，そこに読み手の立場に立ったアクセントがあるからです。

　2色刷りになっていて重要な部分に色がついていると，ぱっとみただけでどこが重要かがビジュアル的にわかります。色がついているところだけを，まずは読めばよいからです。
　また重要なところに下線が引いてあれば，その部分はじっくり時間をかけて読むはずです。傍点があればその文章では強い意識が働きながら熟読するはずです（傍点の意味を考えながら）。太字やゴシックもそうです（単色の場合は太字やゴシックが色の役割を果たすでしょう）。

　文章にアクセントをつけることは，決して文章をうるさくすることではありません。読み手にビジュアルを通じて非言語（ノンバーバル）の情報を伝える作業なのです（文字を読まなくても瞬時に認識してもらえる強力な情報伝達手段です）。
　逆にいうと，使いすぎはうるさくなり，相対的に強調の意味も減ってしまいます（いわば「アクセントのインフレ状態」といえます）。ほんとうに重要な部分にアクセントをつける技術を身につけましょう。

20 引用であることが示されている

　他人に著作権がある書籍や論文などの記述を許可なく使うためには，引用のルールを守ることが必要です。これは法的に著作権違反にならないための引用の方法であり，法律家であれば当然に守るべき基本事項といえます。
　具体的には，「引用」について定めた著作権法32条があります。同条は次のような定めをしています。

> **【著作権法32条1項の定め】**
> 「公表された著作物は，引用して利用することができる。この場合において，その引用は，公正な慣行に合致するものであり，かつ，報道，批評，研究その他の引用の目的上正当な範囲内で行なわれるものでなければならない。」

　つまり，著作権が他人にある書籍や論文の文章でも，公表されているものである以上は，正当な範囲内であれば，著作権者の許可なく引用してよいということです。
　しかし引用してよい範囲にも限界があります。そこで「正当な範囲内」といえるかどうかの基準が問題になります。
　この点については，以下の判例があり，これが基準（要件）となっています。

> 【最高裁昭和55年3月28日第三小法廷判決・民集34巻3号244頁（パロディ事件）】
>
> 「法30条1項第2（注：現行著作権法32条）は，すでに発行された他人の著作物を正当の範囲内において自由に自己の著作物中に節録引用することを容認しているが，ここにいう引用とは，紹介，参照，論評その他の目的で自己の著作物中に他人の著作物の原則として一部を採録することをいうと解するのが相当であるから，右引用にあたるというためには，引用を含む著作物の表現形式上，引用して利用する側の著作物と，引用されて利用される側の著作物とを明瞭に区別して認識することができ，かつ，右両著作物の間に前者が主，後者が従の関係があると認められる場合でなければならないというべきであり，…」
>
> 注）下線及び傍点は筆者が記載。

　ここで重要なことは「引用して利用する側の著作物と，引用されて利用される側の著作物とを明瞭に区別して認識することができ」るかたちで引用をすることです。**識別可能性を保つためには，引用をしている箇所をかぎかっこ（「　」）で特定する必要があります。**また，上記のように引用文のなかに注書きを入れたり，下線を引いたり，傍点をつけたときなどは，その旨も記載すべきでしょう。

　裁判の手続のなかで提出する書類（書証）については，以下の特則があります。

> 【著作権法42条1項の定め】
> 「著作物は，裁判手続のために必要と認められる場合及び立法又は行政の目的のために内部資料として必要と認められる場合には，その必要と認められる限度において，複製することができる。ただし，当該著作物の種類及び用途並びにその複製の部数及び態様に照らし著作権者の利益を不当に害することとなる場合は，この限りでない。」

　重要なことは，引用をしている箇所を明確に特定することです。著作権の問題にならない判例（上記はまさに判例でした）の場合でも，著作権が問題になる書籍や論文の場合でも，このくせをつけることです。そうすることで，読み手である裁判官はどこまでが引用箇所で，どこまでが書き手（代理人）の手によるものなのかがわかります。

　これが，単純なようで意外にできていないことです。引用範囲があいまいな書面をみかけることは，実際よくあります。かぎかっこなどを使い，ビジュアル的にどこまでが引用なのかを瞬時に読み取れるようにすることが重要です（具体的な引用の仕方，出典等の記載の仕方については，「35　出典と引用の範囲が正確に示されている」でお話しします）。

21 目次がつけられている

　準備書面に目次をつけるという発想は、旧来の書面を書いてきた方にはピンと来ないかもしれません。しかし準備書面がある程度の長さ（20～30頁以上）になることが多い税務訴訟では、国が提出する書面にも必ず目次がつけられています。納税者側の代理人でも多くの弁護士が目次をつけています。5，6頁の短い書面であれば、目次をわざわざつける必要はありません。しかしある程度の分量になった場合には、目次をつけることは必須といってもよいと思います。

　税務訴訟に限らず一般の民事事件でも「目次をわかりやすくまとめられましたね」と法廷で裁判長からいわれたことがあります。適切な目次がついていると、裁判所の印象も良くなるようです。少なくともわるい印象をもたれることはないはずです。

　実際にも**上告審では、上告理由書・上告受理申立て理由書については、20頁を超える場合には「目次」を添付することが要望されています**（東京高等裁判所民事部「「理由要旨」及び「目次」の添付について（お願い）」参照）。裁判所も目次があるとありがたい、ということなのでしょう。

　目次はつくってみるとわかりますが、ナンバリングをして、項立てをしたタイトルがずらりと並びます。**読み手からすると、ざっとアウトラインを知るために使い勝手がよいのです。内容を全部読了したあとでも、全体的に記録を精査する際に、必要な箇所を検索できる**というメリットもあります。

裁判官が目次をどのように使っているかはわかりません。しかしできる限り目次を充実させることで，判決を起案する際の手がかりにもなるよう，工夫をしたいものです。

目次はワードなどのワープロソフトの「目次作成機能」を使えば簡単につくることができます。作成者の側ですべきことは，ナンバリングして項立てしたタイトルにカーソルをあて，目次として使う部分を特定することと，そのレベルを指定することです。

たとえば，「第1」→「1」→「(1)」→「ア」という序列で書いている書面であれば，「第1　○○○について」というタイトルを「レベル1」に，「1　○○○について」というタイトルを「レベル2」に，「(1)　○○○について」というタイトルを「レベル3」にします。

目次の表示は「レベル3」までにするのが通常です。しかし，「ア」などの「レベル4」まで目次に表示したほうがよい場合もあるかもしれません。このあたりは全体のバランスで考えるべきでしょう。

目次で大事なことは，アウトラインを理解してもらい，検索可能性を高めることです。パソコンの「目次作成機能」を使えば，書面の分量が増えたり，修正変更を行ったりしても，更新をクリックすれば瞬時に目次上の該当頁も更新されます。

便利な機能ですので，最初は慣れないかもしれませんが，ぜひトライしてみてください。

【目次の例】
第1　長い準備書面には目次をつけたほうがよいこと……………1
　1　準備書面に目次をつける必要性………………………………2
　2　準備書面に目次をつけることの意味…………………………4
　　（1）アウトラインを素早く知ることができる　………………4
　　（2）読みたい箇所を素早く検索することができる　…………6
　　（3）書面全体の構成を整理することができる　………………8
　3　小括………………………………………………………………11
第2　裁判所からの要望……………………………………………12
　1　「「理由要旨」及び「目次」の添付について（お願い）」…12
（略）

22 細かい議論は、脚注などにとどめている

　体系書や論文など，網羅的に専門的な事項を書き連ねたものでは**「脚注」**が使われることがよくあります。**「脚注」は，本論とは直接関係ないものの，本論で書かれた事項に関連する情報や，参考になる情報を付記しておきたい場合に使われるものです**[1]。注釈の一種で，文章のまとまりごとに後に入るものは後注といい，文章の下（脚）に入るものを脚注といいます。

　「脚注」も目次と同様にワードなどのワープロソフトを使えば，だれでも簡単に挿入することができます。

　裁判所に提出する書面で「脚注」を使わなければならない場合は少ないと思います。文献や判例が出典であることを明示する場合には「脚注」を使うのではなく，かっこ書きで「田中××『××××の実務』○頁」「最高裁平成22年×月×日第二小法廷判決・民集×巻×号×頁」というふうに，本文に記載するのが通常だからです。裁判所に提出する書面で「脚注」が使われる場面はあまりありません。

　脚注は安易に使ったり，多用することは控えたほうがよいです。読み手である裁判官からすると「これは論文なんですかね。主張をまとめるものが書面なのに，細かいことや関係がないことばかり，ぐちゃぐちゃと書かれていますね」と思われるリスクがあるからです。

　そもそも，裁判所に提出する書面では，法的主張と事実についての主

（1）「脚注」というのは，こうした本文の欄外にある関連情報や参考情報を書いた部分のことです。参考文献を挙げることが多いです。体系書や論文ではたくさんみられますが，裁判所に提出する書面ではあまり書くものではありません。

張を整理してわかりやすく書くことが求められています。そこに体系書や論文のような脚注を記載することは，もともと求められていません。

しかし，「どうしても書いておきたい」「情報としては提供しておきたい，けれども本筋とは直接関係ない」といった議論や情報を提示することが必要な場合もあると思います。その場合に本論で長々と書いてしまうと，関係がないこと（本筋でないこと）をだらだらと書いた書面として，マイナスの印象を与えてしまいます。そこでこうした場合，**ごく例外的に，緊急避難的な方法論として「脚注」を使う**のです。

「脚注」は関連情報を付記するために使います。「脚注」を使えば本筋の主張部分からは場所も離すことができます。

文字の大きさを表すポイントも通常サイズの12より少し小さめにすれば，本文の補足的な情報なのだなと，視覚的に読み手である裁判官に認識してもらいやすくなります。

「脚注」が多用されていると印象がわるくなるおそれもあります。しかしほんとうに必要な場所に限って使えば，それほどうるさいものにはなりません。「脚注」に書かれているのが有用な情報の出典などであれば，裁判官も利用価値があるものとして参考にするはずです。

「脚注」において重要なことは，裁判所に提出する書面では，体系書や論文ではないので，できる限り使わないように配慮することです。本筋ではないが提供する意味のある情報をどうしても書きたい場合の，最後の手段です。

23 公用文のルールに準じている

　裁判官が書く判決文は，裁判所という公的な機関が作成する公文書にあたるため，**「公用文」のルール**が参考にされます。検察官が記載する起訴状や論告求刑などの文書でも同じです。

　これに対して，**弁護士は国家公務員ではありませんので，依頼者の訴訟代理人となって作成する書面について「公用文」のルールを参考にする義務**はありません。

　民間企業でも新聞社や出版社などでは，独自の文章作成のルール（用字用語の統一規程）をもっているものですが（そうでない場合でも参考にするルールを決めているところが多いようです），法律事務所や弁護士はこうした文章作成のルールをまったくもちえていないのが現状です。そもそも，世の中にはこうした決まりがあって文章を作成している会社や団体が多いことすら知らない（あるいは考えたこともない）方もいます。

　もとより弁護士は在野の法曹としての活躍が期待される職業ですから，問題のあることではありません。文章作成のルールをつくったほうがよいというつもりもありません（ただし，チームを組んで大型案件に取り組む法律事務所などでは，こうした所内用の統一ルールを大枠だけでもつくっておくと，書き手やチェックをする人にとっては迷いが少なくなるという意味で，あったほうが便利かもしれません）。

　ここでお話ししたいことは，裁判所に提出する文章の読み手である裁判官は，基本的に統一ルールのもとで日ごろ文章を書いているという事実です。いまの判決文で使われている文字は，名詞や固有名詞を除くと，

ひらがなが非常に多くなっています。接続詞などをみても「従って」ではなく「したがって」,「それにも拘らず」ではなく「それにもかかわらず」というようにひらがなで書くようになっています。

　かつての判決文は漢語調で漢字が多用されていましたが，現代の判決文は文章そのものは平易な言葉が用いられており，ひらがなの使用率が高いです。そのことを知っておくことが大事です。
　そしてそれは「公用文」のルールに準拠して書かれています（実際の判決文でみた漢字とひらがなの使い方については「24　漢字とひらがなのバランスがとれている」で後述します）。

　弁護士や法律事務所に「公用文のルール」の適用はありません。しかし読み手である裁判官にとっては，日常的に決まりとして認識し，参考にしている漢字とひらがなの使い方などがあります。なかにはそれが絶対だと思っている裁判官もいるかもしれません。漢字ばかり使い，公用文の使い方をわかっていないと思われるおそれすらあります。
　いずれにしても「公用文のルール」を参考に裁判官が慣れ親しんでいる文章を使うことは，親近感や信用性を与えるため，プラスにこそなれ，マイナスになることはありません。

　公用文については，漢字とひらがなの区別についてのルールのほか，文体についてのルール，書き方についてのルールなども書かれています。官公庁の作成する文書に書き手の個性がないのはこのためですが，読みやすい文章は，統一ルールによって支えられているともいえます。
　「公用文のルール」では，句読点の表記方法も決められています。平

成13年から，裁判所の判決文や裁判所で提出する書面が，縦書きから横書きに変わりました。そのときから横書きの公文書（判決文や起訴状など）を注目してみると，「読点」が「、」（いわゆる点）ではなく「，」（カンマ）になっています。

弁護士は「公用文のルール」のしばりがないため，「、」を使っても「，」を使っても自由ですし，正解はありません。

ただし，検察官や裁判官は「公用文のルール」にならって「，」を使っていることは知っておいたほうがよいです（判決文ではごくたまに読点に「、」を使っているものもみかけます。検察庁ほど厳格な適用はないのかもしれません）。

【最高裁平成23年３月23日大法廷判決・裁判所ホームページ】
「代表民主制の下における選挙制度は，選挙された代表者を通じて，国民の利害や意見が公正かつ効果的に国政の運営に反映されることを目標とし，他方，国政における安定の要請をも考慮しながら，それぞれの国において，その国の事情に即して具体的に決定されるべきものであり，そこに論理的に要請される一定不変の形態が存在するわけではない。」

24 漢字とひらがなのバランスがとれている

　公用文のルールでも少しふれましたが、裁判官が書く判決文などの公用文では、漢字とひらがなの区別についてルールがあります。そして現在の判決文はこのルールにのっとり、名詞や固有名詞でない限りは、ひらがなを使うことが多くなっています。

　たとえば、新聞報道でも紙面をにぎわした長崎年金二重課税事件の最高裁判決をみてみると、次のように**名詞・固有名詞以外の接続詞や副詞などの部分では、ひらがなを使う場面が多くなっています**。

【最高裁平成22年７月６日第三小法廷判決・民集64巻５号1277頁（長崎年金二重課税事件）】
　「そうすると、年金の方法<u>により</u>支払を受ける上記保険金（年金受給権）の<u>うち</u>有期定期金債権に当たる<u>もの</u>については、同項１号の規定<u>により</u>、<u>その</u>残存期間に応じ、<u>その</u>残存期間に受けるべき年金の総額に同号所定の割合を乗じて計算した金額が当該年金受給権の価額として相続税の課税対象となるが、<u>この</u>価額は、当該年金受給権の取得の時<u>における</u>時価（同法22条）、<u>すなわち</u>、将来に<u>わたって</u>受け取るべき年金の金額を被相続人死亡時の現在価値に引き直した金額の合計額に相当し、その価額と上記残存期間に受けるべき年金の総額との差額は、当該各年金の上記現在価値をそれぞれ元本とした場合の運用益の合計額に相当する<u>もの</u>として規定されているものと解される。<u>したがって</u>、<u>これらの</u>年金の各支給額のうち上

> 記現在価値に相当する部分は，相続税の課税対象となる経済的価値と同一の<u>もの</u>ということが<u>でき</u>，所得税法9条1項15号により所得税の課税対象とならない<u>もの</u>と<u>いう</u>べきである。」
>
> 注）下線を引いた箇所は，「因^より」（「拠^より」），「中^{うち}」（「内^{うち}」），「物^{もの}」，「其^その」，「此^この」，「於^おける」，「即^{すなわ}ち」，「亘^{わた}って」，「従^{したが}って」，「此等^{これら}」，「言^いう」，「事^{こと}」，「出来^{でき}」といった漢字表記もありますが，ひらがなで表記することが公用文のルールで決まっています。

　裁判所に提出する書面については，こうした「公用文」のルールの適用はありませんので，基本的には，書き手のセンスと趣味で，漢字とひらがなを使い分ければよいことになります。

　このときに，**漢字とひらがなの使い方を「公用文」に近づけると，裁判官の判決文に近い雰囲気をかもしだすことができます**（簡単な方法は，判決文をたくさん読むことです。税務訴訟でいえば被告（国）が提出する準備書面をたくさん読み，そこで「ひらがな」が用いられている用語については，「ひらがな」にするという感覚でもよいと思います）。

　法律文書ではなく一般の文書についても，近年はひらがなを多く使う傾向にあります。特に小説などを読んでいると，字でびっしりとうめつくされた硬い本のように見えても，読んでみるとひらがなの使用率が非常に高いものが多いです。ただし名詞や固有名詞は厳然と漢字になっているので，そこでバランスがとれています。

　林望氏は，『文章の品格』（朝日出版社，2008年）で，漢字が多い文章

の印象を「黒っぽい」といい，ひらがなが多い文章の印象を「白っぽい」といっています。木下是雄氏の『理科系の作文技術』（中公新書，1981年）にも〈適当な白さ〉で書くことを著者が留意していることが記されています。いま書いている文章が黒っぽくなっていないか，なるべく白っぽくなるよう意識をすることが重要です。

　法律文書では専門用語や法律用語が多く登場するため，漢字を使わざるを得ない名詞・固有名詞が多く登場します。そこで名詞・固有名詞で黒っぽくならざるを得ないこととのバランスからも，それ以外の接続詞や副詞などはできる限りひらがなを使い白っぽい文章になるようつとめたいところです（永江朗氏は『〈不良〉のための文章術』〔NHKブックス，2004年〕で「いちど固有名詞や引用部分をのぞいて全部ひらがなにしてみ」るなどしてみて，漢字とひらがなを見た目の雰囲気で決めればいいといっています）。

　こうした「漢字とひらがなのバランス」という，いっけんすると細かな工夫をすることで，読み手に抵抗感なく，読んでもらえるような文章ができるのです。漢字だらけの真っ黒な文章は，きっと裁判官も読みたくはないはずです。

25 読みやすい言葉を選択している

　名詞・固有名詞以外はひらがなを使うと，読みやすい文章になることは，「24　漢字とひらがなのバランスがとれている」でお話ししました。

　漢字ではなくひらがなを使うことで文章が白っぽくなり，紙面全体にゆとりがかもしだされると，読み手は安心し，すっと文章を読みはじめることができます。これは心理的な読みやすさを確保し「なんとなくむずかしそうだな」という文章に対する抵抗感をなくすことで，リーダビリティを高める技法です。

　しかしどんなにひらがなを多くしたところで，名詞や固有名詞は漢字を大原則とすべきことは変わりがありません。**名詞や固有名詞は漢字を使うことでその意味を特定できるものであり，ひらがなを使うとかえって読みにくくなる**からです。ためしに，名詞や固有名詞までもひらがなにしてみましょう。次の文章を読んでみてください。

> 【名詞や固有名詞までもひらがなにした文章】
> 「まえだまさひで先生の『けいほうそうろん〔だい6はん〕』にかかれている「ざいけいほうていしゅぎ」のぎろんはわかりやすい。」

　これではかえって読みにくくなり，マイナスだということがわかると思います。**名詞や固有名詞は漢字という大原則を守ったうえで，その他をひらがなにすることでリーダビリティが高まる**のです。

> 【名詞や固有名詞は漢字にした文章】
>
> 　「前田雅英先生の『刑法総論講義〔第６版〕』に書かれている「罪刑法定主義」の議論は<u>わかりやすい</u>。」
>
> 注）この文章であれば「分かり易い」ではなく「わかりやすい」とひらがな表記にするだけで十分に読みやすくなっています。

　そこで次に問題になるのは，ひらがなにしてさえいればよいというわけではないということです。使う言葉そのものがむずかしいと，文章はどうしてもむずかしくなってしまいます。裁判所に提出する書面の読み手は裁判官です。法律用語については，一般の読者に向けて書く文章と違い，ふんだんに使ってまったく問題ありません。しかし，法律用語以外の業界用語を使って説明をした文章や，事実関係に関する記載をした文章のなかで，その業界の素人にはわかりにくい表記が続くと，読み手である裁判官のあたまに情報が的確に入らない可能性があります。

　読みやすい言葉をできる限り使う。そうすることで，読み手がすんなりと読める文章をつくるのです。裁判所の判決文などを読んでいると，その業界のことや内部事情などを知らない人でも，判決文を読むだけで状況をつかめるように工夫して説明されているものが多いです。判決文が読みやすい言葉を選択して，専門的なことや業界内のことを表現しているからです。

　たとえば，以下の最高裁判決はNTTドコモ事件と呼ばれ，減価償却資産であるエントランス回線利用権が法人税法施行令133条の少額減価償却資産にあたるかが争われたものです（納税者が勝訴した税務訴訟判決

です）。専門外（特に文系人間）にはわかりにくい事実を把握する必要がある事件です。

　最高裁判決は，専門用語（業界用語）は使いつつ，かっこ書きなどを使いながら，説明をしています（かっこ書きの使い方については「27　自由自在に速読できるようにつくられている」で解説します）。

【最高裁平成20年９月16日第三小法廷判決・民集62巻８号2089頁（NTTドコモ事件）】
　「<u>被上告人のPHS事業は，B１社</u>（同社の事業のうち本件に関係する部分は，平成11年７月１日にB２社が承継した。以下，上記各社をいずれも「B社」という。）<u>の設置するPHS接続装置，電話網等の機能及びデータベースを活用する方式</u>（いわゆるB社網依存型の方式）によるものであり，<u>この方式における通信経路をみると</u>，例えばPHS事業者との契約により同事業による電気通信役務の提供を受ける利用者（以下「PHS利用者」という。）<u>がB社の固定電話利用者，携帯電話利用者等と通話等をする場合，そのPHS端末から発信された音声等の情報は，無線電信により当該PHS事業者の設置する基地局において受信され，B社の設置するエントランス回線</u>（基地局とB社の設置するPHS接続装置との間を接続する有線伝送路設備），<u>PHS接続装置及び電話網等を介して，固定電話や携帯電話等に送信されるという経路をたどる</u>（B社の固定電話や携帯電話等からPHS端末に向けて発信される情報は，上記と逆の経路をたどる。）。」
注）下線は筆者が記載。

26 適切な文体を使っている

　文体は文章の骨をつくっています。仕事で作成する文章を絶対視してしまいがちな人は，その業界に固有の文体を過度に重視し，他の文体が目に入らなくなってしまう危険があります。

　文体を知るためには，とにかくたくさんの文章を読むことが重要です。法律文書・判決文をたくさん読むことはもちろん重要ですが，それだけでは世の中にあるさまざまな文体を知ることはできません。

　新聞，雑誌（それもさまざまなジャンルの雑誌），本（エッセイ，小説，評論文，新書・ビジネス書のようなソフトタッチのもの，ハードカバーの内容も硬めの本，哲学書など），ブログやツイッター，ホームページの会社案内から広告文まで，**いろいろなジャンルの文章を読むことで，文体の多様性を知ることができます**。

　裁判所に提出する書面に書く文体は，あくまでその業界固有の狭い世界での文体に過ぎません。

　他方で業界の専門家である裁判官に文章を読んでもらう以上は，他のジャンルの文体を使うことは適切ではありません。裁判官の慣れ親しんだ文体で自然に準備書面を書くことが，法律文書には求められるからです。

　適切な文体についてのルールがあるかというと，法律家を拘束するような統一ルールはありません。しかし「公用文のルール」をみてみると，じつは文体についても注意事項が書かれていることがわかります。

具体的には「公用文のルール」では，次のような事項が定められています。①公用文は「である」体にすべきであるが，一部についてはなるべく「ます」体を用いること，②文語体ではなく口語体を用いること，③文章はなるべく区切って短くすること，④簡潔な論理的な文章にすること，⑤文書には簡潔な標題を付けること，⑥なるべく箇条書きを使用して理解しやすいようにすることなどです。こうした注意書きのもとで「公用文」があります。こうした観点から，官公庁がホームページなどで公開している文章も広く読んでみると，法律文書として書かれるべき文体の共通項がみえてくると思います。

　税務訴訟では被告（国）が書く準備書面の文章レベルが高いので，これを研究して文体をつかむという方法があります。
　優れた文体を手に入れたいのであれば，よいお手本を探してその文体をまねるのがよいでしょう。

27 自由自在に速読できるように つくられている

　文章はサービスです（拙著『弁護士が書いた究極の文章術』〔法学書院，2009年〕に詳細を書きました。ご興味ある方はお読みください）。

　伝えるべき情報を，できる限り短い時間で，かつ明確に理解してもらえるように料理して提供する。それが文章の極意です。伝えるべき情報そのものはひとつです。しかしそれを**文章という伝達手段を使う際には，読み手に使い勝手がよいものに仕上げる必要があります。これがサービスを意識した文章**です。

　読み手に重宝されるサービスはなんでしょうか。速読術に関する本がたくさんでています。大量の文章を読む人にとって，速く読めることが仕事を迅速に処理する強力なツールになるため，強いニーズがあるのだと思います。のどから手がでるほど欲しい技術かもしれません。

　しかし速読の技術をマスターしたところで，知らない言語の文章を読むことはできません。ここに書き手がすべき工夫のヒントがあります。

　それは，じつは**文章を書く人が，読み手に速く読める文章を提供できる**という事実です。

　どんなに速読力がある人でも，意味不明な文章を速読することはできないでしょう。速読は，速読される対象がわかりやすい文章であること（速読に適した文章であること）を前提にしているからです。

　そこで文章を書く際に，書き手のほうで読み手が速読をしやすい文章をつくってしまう方法があります。**読み手である裁判官が自由自在に速**

読できるような文章にするのです。 裁判官は自分の力で速く読むことができたと思うかもしれません。それはそれでよいです。速く読める文章を書いたことをみせつけたり，文章力を自慢するために書くのではないからです。知らないうちに読み手がさっと読め，かつ「わたしも読むのが速くなったなあ」と思わせるような文章を書くことです。

　速読しやすい文章に仕上げるための工夫はいろいろあると思います。ひとつはすでにお話した，項立てをしたり，ナンバリングしたり，目次をつけたり，アクセントをつけたりすることです。

　こうした作業は書き手からするとめんどうではありますが，読むほうからすると便利なものです。 メリハリづけをあらかじめしてしまう，重要なところが視覚的にわかるようにする，アウトラインがわかるようにする，他方で一からじっくり読みたい人が熟読することも可能な書面にしておく。こうした工夫をすることで（作成には時間がかかりますが），読み手である裁判官に歓迎される書面ができます。

　これまで列挙した事項以外で，読み手の速読に貢献できるサービスの技術は，かっこ書きで平易に説明する手法です。一見してわかりにくい言葉や専門用語などがでてきたときに，かっこ書きを使ってそのなかでその言葉の意味を説明します。あるいは具体例などを列記したり，その言葉の意味を置き換えたりします。

　その用語の意味を知らない人やイメージをしにくい人にとっては，かっこ書きの説明や具体例を読むことで，自分で辞書を引かなくても用語の意味を理解でき，イメージをもつことができます。

逆に，その言葉の意味をすでに知っている人が読むとき，あるいは2回目以降に読むときには，かっこ書きを飛ばして読むことができます。こうした**ひとつの文章でふた通り以上の読み方ができる（さまざまな読み手のニーズに応えられる）文章を工夫してつくる**のです。

> 【東京高裁平成20年10月30日判決・裁判所ホームページ（アドビ事件）】
> 　「しかしながら，本件比較対象取引においては，ソフトウェアの販売業務（①エンドユーザーとの価格交渉，②エンドユーザーへの商品発送の手配と引渡，③エンドユーザーへの売買代金の請求，④エンドユーザーからの売買代金の入金管理，⑤ディストリビュータ（卸売業者）への発注，⑥ディストリビュータ（卸売業者）との価格交渉，⑦ディストリビュータ（卸売業者）からの請求額の管理，⑧ディストリビュータ（卸売業者）への支払等）が中心業務なのであって，エンドユーザーへの商品説明等のサービス（控訴人が行っているのと同一の業務）は付随業務に過ぎない。」
>
> 注）下線を引いた（筆者が記載）部分のかっこ書きで，「販売業務」が具体的に説明され，「エンドユーザーへの商品説明等のサービス」がいいかえられています。読み手は，〈かっこ書きも読む方法〉と，〈かっこ書きは飛ばして読む方法〉の2つを自由に選択できます。

第2章
わかりやすいといわれる文章を書く技術

　本章では、「わかりやすい」といわれる文章を書くために必要な、具体的な技術を明らかにする。

　全部で17の技術がある。キーワードの選定から、業界用語・専門用語の解説、わかりやすい具体例、イメージしやすい比喩を入れるなど、読み手にわかってもらうための文章技術を学んでいただきたい。

28 キーワードが適切に選定されている

　キーワードの選定は，公用文のルールにも，判決起案の手引きなどにも書かれていないテクニックです。しかし**キーワードの選定は読み手を説得するための文章では，じつは非常に重要な技術です**。
　その文章で読み手に伝えたいキーワードが適切に選定されていて，上手に文章のなかで使われていると，読み手はそのキーワードをおのずと受け取ります。読解力や文章力に対する意識が高い読み手の場合には「この言葉がキーワードだな」と気づいてもらえます。
　読み手が「この言葉がキーワードだな」と気づかない場合でも，**上手にキーワードが散りばめられた文章であれば，読み手は「キーワード」のシャワーを浴び，潜在的に（無意識のうちに）その言葉が脳に焼きつけられます**。その結果，文章を読み終わったあとに，「この文章で1番いいたいことはなんだったと思いますか？」と質問をすると，多くの人が書き手が選定したキーワードを挙げることになります。

　キーワードは魔力をこめることができる言葉であり，読み手の潜在意識に働きかけることができる技術です。これは一般的に文章全般でいえることです。法律文書でも応用しない手はありません。実際にわたし自身，税務訴訟で納税者が勝訴した事件の訴訟記録を裁判所で閲覧して読みましたが，納税者が勝訴した事件（勝訴率が数％しかないなかで国を敗訴させるほど，原告納税者の主張に説得力があった事件）の準備書面は，キーワードが上手に使われていました。
　キーワードに魔力をこめるには高度な技術も必要になります。それは，そもそもどの言葉をキーワードとするかという問題です。**キーワードに**

魔力をもたせるためには，言葉選びに時間をかけ「厳選された最高のひとこと」を絞りださなければいけません。魔法を使うためには，操縦者に高度な技術が要求されます。

　センスと技術の向上が必要になりますが，視点を簡単にお話しします。キーワードを適切に選定するにあたっては，その言葉をみると当方の主張が上まわっている（あるいは相手方の主張が下まわっている）と感じさせるようなものであるかを意識する必要があります。なぜなら，言葉はひとり歩きをするからです。

　書き手は「いやその言葉はそういう意味で使ったのではないんです。それはこういう意味で…」といいたくなるかもしれません。しかし書面でのやりとりにおいて，その言葉からとらえられた読み手の印象や感覚について，詮索をしたり修正をしたり補足をしたりすることは，まずできません（例外的に，法廷で裁判長がその言葉を誤解したようなニュアンスで使った場合に，その場で口頭で補足説明をするという方法はあります。しかしこれは常時できるものではありません）。

　キーワードとして選定された言葉から一般の人であれば（読み手である裁判官が）もつイメージや印象を想像することです。そうした検証を経て，キーワードは慎重に選ぶことが重要です。キーワードには魔力があります。それだけ読み手のあたまのなかにこびりつくことになるため，マイナスのキーワードを使ってしまうと逆効果にもなります。プラスに働く言葉を使うように努めることです。

　逆に，相手方が当方に不利な（相手方に有利な）言葉をたくみに使ってきたときには，その言葉をそのまま準備書面で使わないように留意します。この場合，意味は同じでも印象として当方にマイナスにならない

（できればプラスに働く）言葉を使って反論をしたほうがよいです。

　文章を読むといっても，読み手は「言葉」をみて，内容を理解します。そこで突出して登場する言葉があると，それがキーワードになり，反復継続効果によって読み手の脳に強く残ります。

　そのキーワード（複数ある場合には複数のキーワード）を使って，読み手は思考をします。思考の前提となる言葉（キーワード）が有利に働くようなものにすることが重要です。

　キーワードを選定する際の注意事項としては，読みやすいもの（あたまに残りやすいもの）であることも挙げられます。読んですぐに理解でき，かつ読み手自身の口から自然と発せられる言葉（むりに暗記をしなくても読み終わったあとで自然と言葉を使うことができるようなもの）で，記憶しやすい言葉であることが重要です。**長い言葉ではなく，ある程度簡潔で**（もちろんある程度の長さであっても読みやすく覚えやすいものであれば，かまいません），**リズムがよいもの**がよいでしょう。

　キーワードは日ごろから意識していると，広告や政治家，ビジネス書などでじつはよく使われていることがわかります。**アンテナを立てることでキーワード力はつきます。**勉強したい方は，法律の世界ではなく，コピーライティングの本やマーケティングの本などを読まれるとよいと思います（ヒントは必ずしも法律の世界にあるとは限りません。別の場所にあることもあるのです）。

29 重要なことがくりかえし書かれている

　キーワードを適切に選定することが重要だといいました（「28　キーワードが適切に選定されている」）。キーワードを適切に選択できたとしても，それが1通の書面のなかに1，2回しか登場しないのであれば，効果はあまり期待できなくなります。読み手は文章を読んでいるつもりで，気分や難易度，関心の度合いなどによって，平気で文章を飛ばして読んでいるからです。

　ななめ読みという読み方があります。これは意図的に重要そうな言葉をみつけて，メリハリをつけて読む方法です。裁判官は相当に忙しく読むべき資料が大量ですので，おそらく自分自身でアクセントをつけて「読むべき情報」と「読む必要がない情報」を分けていると思います。そして「読むべき情報」に重点を置いて熟読するのではないでしょうか。

　その意味では，まずもって「読むべき情報」だと認識してもらう必要があります。「読むべき情報」だと認識をしてもらえる箇所で，キーワードを登場させる必要があるのです（藤沢晃治『「分かりやすい文章」の技術』〔講談社ブルーバックス，2004年〕には，実務文では「斜め読み耐性」が必要だと書かれています）。

　しかし意図的な（故意による）ななめ読みのほかにも，「過失による読み飛ばし」（不注意で意識なくして読み落とすこと）も存在します。ちょうど読んでいるときに電話が鳴った。声をかけられた。読んでいる途中で尋問の時間がやってきた。書面を読んでいる途中で中断をされた。こうした事情から読み飛ばされるということもあります。

読んでいるつもりでも，人の脳は気分に左右されます。最初の1文字から最後の1文字まで，すべて集中して読み続けることができるほど，脳は我慢強くありません。優秀な頭脳をもっている裁判官といえども，「過失による読み飛ばし」はすると思ったほうがよいです。それを前提に文章を書くことが重要です。

　こうなったときにやるべきことは，キーワードは1回や2回でなく，くりかえし登場させるということです。ラジオ番組に出演し，文章術についてのインタビューを受けたときに，パーソナリティの方からこんなことを聞きました。「キーワードをくりかえし使うのは，じつはラジオでも非常に重要なんですよ。リスナーの方は他の作業をしながら聞き流している方もいますし，途中からチャンネルを合わせる方もいます。全部聞いてもらっていると思っていてはダメなんです」。

　文章を書く際にも，同じ視点をもつことです。あたまのよい人ほど，「そのことは何頁の何行目で書いたことだから，もう書かなくていい」と思いがちです。しかし読み手はその部分を読み飛ばしていたり，きちんと理解していないことがあります。同じキーワードを使ったとしても，別の場面で登場させることで，また違う具体例を書くなかで登場させることで，ようやく読み手である裁判官の心に響くということはあると思います。くりかえし使うことが，キーワードでは重要です。

　キーワードがうもれてしまわないように（他の言葉から明確に識別されて読み手の印象に残るように），かぎかっこでくくるという方法もあります。たとえば，「通達の改正もなく行われた課税庁の見解変更」という

言葉をキーワードに選定した場合，次のように，かぎかっこを使って，くりかえし書きます。

> 【キーワードを使った文章の例】
> 　「このように，課税庁は，平成14年6月に所得税基本通達の改正を行うまで，法律の改正がないばかりか，通達の改正すらないままに従来の見解を変更した課税を行っていたのである。こうした「通達の改正もなく行われた課税庁の見解変更」が租税法律主義（憲法84条）に違反することは明らかである。
> 　なぜなら，租税法律主義を定めた憲法84条によれば，「あらたに租税を課」す場面だけでなく，「現行の租税を変更する」場合にも「法律」によることが求められているからである。本件のように「通達の改正もなく行われた課税庁の見解変更」が，「法律」によらずに「現行の租税を変更」したことになることはいうまでもない。」
>
> 注）青字（「通達の改正もなく行われた課税庁の見解変更」）と下線を引いた箇所（租税法律主義）の2つがキーワードです。数行の文章のなかに2つのキーワードをそれぞれ2回使っています。特に強調したい「通達の改正もなく行われた課税庁の見解変更」については，長目の言葉ですが，まったく同じ言葉を使い，かっこでくくっています。このキーワードは，キーワードそのものから浮かべるイメージ（事実）が，租税法律主義違反であることをうかがわせる言葉になっており，納税者（依頼者）にとってプラスになるように工夫されています。

30 業界用語の意味が説明されている

　業界用語は，どの業界にもあります。裁判が社会に存在するあらゆる事象を対象にしている以上，その世界に固有の言葉や概念，しきたり，自主規制などのルール，不文律，慣習の理解なくして，正確な意味での事実関係の把握はできません。

　そして多くの場合，その事件の代理人をする弁護士も，当初は業界内部の事情や用語については知らなかったのだと思います。それを知るために多くの人の話を聴き，資料を精査し，専門書なども購入し（あるいは図書館に足を運び）それを調べ，そして専門的に特定の分野の活動をしている方は，日々の案件を見るという経験の積み重ねを通じて業界の事情を把握したはずです。

　事件にどっぷりつかっていると，最初の印象がうすれ，業界人かのような気分になってきます。

　しかし裁判官に業界用語をあたりまえのように使っても，響きません。**「わかってないよな，あの裁判官」となげくまえに，あの裁判官にもわかってもらえるよう書面を工夫する必要があります。**

　自分が初めてその言葉に触れたときのイメージや印象を思い出しながら（あるいは裁判官がイメージするであろうこと，もつであろう印象を想像しながら），実際はそうではない（実際はこうである）ということをわかりやすい言葉で明確に伝えるのです。これが「業界用語の意味が説明されている」ことの意味です。

　その際に，**できれば定義は，広辞苑などの辞書や専門用語に関する書**

籍などを複数引用しながら解説します。客観性を保ち，裏づけを添えることで信用性が担保されます。これに続けて，書き手の言葉で，かみくだいてわかりやすく，もう1度その言葉を説明することです。そしてイメージをもってもらうために，わかりやすい具体例なども添えます。

　ここまでやって初めて「業界用語の意味が説明されている」という状態になります。とりあえず説明をしておいた，というのでは不十分です。なぜなら読み手が理解できない（なんとなくわかったレベルの）説明であれば，読み手に説明を尽くしたとはいえないからです。

　業界人でない人が読んでも，一読でイメージができる。そこまでやるのかというほど，至れりつくせりの説明を心がけましょう。
　業界用語の説明については，「25　読みやすい言葉を選択している」でも「NTTドコモ事件」の最高裁判決を紹介しながら解説をしました。
　同事件の判決文から抜粋したあの文章はあくまで判決文でした。裁判官に理解をしてもらうべき立場にある弁護士としては，もっと詳細にわかりやすく（場合によっては図なども添えながら），丁寧に説明をすべきでしょう。

　説明の仕方（文章の書き方）を学ぶにあたっては一般向けの雑誌や新聞記事などを参考にするとよいと思います。短い言葉でコンパクトに，わかりやすく業界用語が説明されている文章が多いはずです。
　以下も判決文ですが，業界の内部事情や慣習，規程などがわかりやすくまとめられています。

【東京地裁平成14年4月24日判決・税資252号順号9115（アルゼ事件）】

「 パチスロ機の開発 は，まず，マーケティングに基づいて，開発指針が決定され，それを基に，ネーミング，デザイン，特性，ゲーム性などのコンセプトを含むパチスロ機の開発企画の考案が行われる。そして，このような企画に基づいて，プログラミング，サウンド，デザイン等の開発行為，試作などが行われる。

このような パチスロ機のソフト開発 には，通常，1年程度の期間を要するが， 開発されたパチスロ機が売れる期間 は，通常1か月から3か月程度であり，特別にヒットするもので1，2年，まれに大ヒットした場合には3年程度である（甲73，74，原告代表者）。

b 財団法人保安電子通信技術協会における検定

上記開発されたパチスロ機については，財団法人保安電子通信技術協会に申請して，風営法に適合しているかどうかの検定を受ける必要がある（同法20条4項，5項）。」

注）□で囲った「パチスロ機の開発」については第1段落で，「パチスロ機のソフト開発」に要する期間と「開発されたパチスロ機が売れる期間」については第2段落で，「財団法人保安電子通信技術協会における検定」については第3段落で，それぞれ説明がされています。いずれもパチスロと業界のことを知らない人にとってはわからない業界のルール（慣習）ともいうべきものです。

裁判所がこうした認定を行った背後には，当事者からの説得力のある主張・立証があったものと思われます。

31 専門用語の意味が解説されている

　専門用語も，業界用語と同様に，門外漢にはなじみがないものです。法律を離れた電子工学や医療技術，薬品，建築…などに関する専門用語については，裁判官はなにも知らないということを前提にして，書面を書いたほうがよいです。

　なかには詳しい裁判官もいるかもしれません。しかし**係属した部の裁判長から陪席裁判官にいたるまで，だれがどの分野についてどの程度の知識をもっているかは未知数です**。

　その専門分野についてある程度の知識をもっている裁判官にあたったとしても，わかりやすく専門用語を説明することを怠ってはいけません。裁判官が専門的な知識をもっていたとしても，完ぺきであることはまずありません（詳しい場合でも誤解やもれがある可能性があります）。

　知識のある裁判官にとっても，確認の意味で整理をした文章を読むことは意味があります。裁判官の理解が進むことには変わりがありません。できる限り専門用語はわかりやすく説明することです。

　法律領域であったとしても同じです。世の中のありとあらゆる事象について網の目のように法令が張り巡らされている現代社会においては，法律や施行令，規則，通達などが無数に存在しています。**いわゆる一般民事事件として頻繁に登場するような民法・商法・会社法その他の特別法を超えた場合には，その法律分野における専門用語をわかりやすく説明することが重要になります**。裁判官は法律の専門家ですが，すべての法律について学習したうえで裁判官になるわけではないからです。

ただし，法律の読み方，解釈の仕方については長けています（裁判官は法解釈の専門家です）。**その導入までを参考書のように詳しく説明し，あとの料理（判断）は裁判官に任せる**。こうしたスタンスで書面をまとめることが重要です。

　実際にも税務訴訟（租税訴訟）など行政訴訟の分野についての研修（日本弁護士連合会主催）で講演をされた東京地裁行政部の部総括判事が「法令等の定めや関連する判例を整理して書いてくれると助かる」と述べていたのを聴いたことがあります。

　税法の世界では「所得概念」「包括的所得概念」「非課税所得」「フリンジ・ベネフィット」といった用語はごく基本的な専門用語です。しかし担当した裁判官が果たしてこうした言葉に精通しているかはわかりません（特に行政部がない地方裁判所，高等裁判所，最高裁判所においては精通していない判事が審理をする可能性が十分にあります）。

　そこで租税法を専門にしている弁護士・税理士にとってはあたりまえの概念だったとしても，こうした専門用語は一からわかりやすく説明することが重要です。**意味のわからない言葉で議論がされている場合，人はどちらの話が信頼できるかで判断をするからです**。

　税務訴訟は国税（国）を相手にする裁判（地方税の場合は地方公共団体）です。税について素人である裁判官がみたときに納税者の代理人（弁護士）と課税庁（国又は地方公共団体）のどちらを信頼するかというと，一般論的には残念ながら後者です。

　そのような偏見に屈せずに「この原告代理人の書面はわかりやすいな。包括的所得概念とはそういうことなのか」と裁判官をうならせることが

できれば，形勢逆転につながるはずです。

　スティーブン・D・スターク氏も，「税金に関する準備書面を書くとき，税務の専門家がいない一般事件を扱う裁判所に提出するものと，地元の税務委員会やワシントンDCの連邦税務裁判所に提出するものとでは，たとえ論点が同じであっても違った書き方をすべきだということです。」といっています（スティーブン・D・スターク＝小倉京子訳『訴訟に勝つ実践的文章術』〔日本評論社，2010年〕76頁）。同じ裁判官であっても専門部の場合とそうでない部（となると専門部がない高等裁判所や最高裁判所と専門部がある地方裁判所の場合）とで同じ書面でよいのか。このように考えると，日本の裁判でも妥当する考え方といえるでしょう。

　専門用語をわかりやすく解説した例としては，次の「32　わかりやすい具体例が書かれている」で具体的な文章例を挙げましたので，そちらをお読みください。

32 わかりやすい具体例が書かれている

　業界用語にしても，専門用語にしても，それ以外の説明であっても，わかりやすい解説をするためには，具体例も挙げたほうがよいです。

　法律家の書く文章は抽象的になりがちです。これは法律の特性からくるものです。法律はもとより一般性・抽象性をもつものであって，基本的に万人に等しく適用されるものでなければならないと考えられているからです（憲法41条参照）。

　こうして法律の体系書や解説書などでは，抽象的な説明，抽象的な議論が飛び交います。そのことはわるいことではありません。

　しかし，**裁判所に提出する書面において，裁判官を説得するためには，抽象的な議論だけでは不十分**だと思います。他人が書いた文章を読んで心が動き，あるいは納得し，鋭く反応するのは，わかりやすい具体例をイメージできたときだからです。

　わかりやすい具体例は，読み手である裁判官のイメージをふくらませるための道具です。ここにいうわかりやすい具体例は，単に具体例を書くだけでよしというものではないからです。

　具体例が挙げられていても，その具体例が抽象的で，あるいはわかりにくいものだと，読み手は具体例から明確なイメージを得ることができません。「具体例は挙げられているけれど，実際にはどうなんだろう？」「もっと身近な具体例で考えるとどうなるのだろう？」読み手である裁判官からこのようにつっこまれてしまう書面になってしまいます。

　ここで裁判官がはたと考えて，積極的に文献や判例を調査し，より具

体的な例を探すことで，イメージを確固たるものにふくらましてくれればよいかもしれません。しかし忙しい裁判官です。代理人が書いた書面の稚拙さや不十分さを補ってくれることは，期待しないほうがよいと思います。

　わかりやすい具体例を挙げたほうがよい場面は，上記のとおり，業界用語や専門用語が登場した場合などです。イメージがしにくい業界の決まりや専門的な用語，抽象的な概念や理念などが登場したときには，具体例を添えたほうがよいでしょう。

　以下に，文例を挙げておきます（本書のために著者が書き下ろした文章です）。

【専門用語などをわかりやすい具体例も入れて説明した文章の例】
　「所得」とはどのような概念をいうのか。もし，会社から支給される通勤定期券を購入するための費用（通勤手当等）が，そもそも「所得」に該当しないのであれば，所得税法の課税対象ではないことになる。所得税法は「所得」に対して課税することを定めた法律だからである（所得税法7条には「所得税は，…所得について課税する」と定められている（※1）。）。この点，金子宏東京大学名誉教授も「所得税とは，個人の所得に対する租税のことである。」と解説されている（金子宏『租税法〔第22版〕』〔弘文堂，2017年〕183頁（※2））。
　しかしながら，所得税法は「非課税所得」を定めた「非課税規定」のなかで，通勤手当等を掲げている（所得税法9条1項5号）。

同条が定める「非課税規定」は,「所得」にはあたるが,法が例外的に課税をしない「非課税所得」を定めたものである(※3)。

この規定の反対解釈からすれば,所得税法は,通勤手当等が「所得」に該当することを前提にしているといえる。これは,違法な所得であっても(※4),あらゆる経済的価値の流入が「所得」に該当するとする(※5)「包括的所得概念」の考え方からも説明できる。

そして,会社から支給される経済的価値のあるものについては,給料以外のもの(いわゆる「フリンジ・ベネフィット」(※6))であっても原則として「給与所得」に該当すると考える所得税法28条1項の解釈(※7)からすれば,通勤手当等は「給与所得」に該当することになる(最高裁昭和37年8月10日第二小法廷判決・民集16巻8号1749頁(※8))。

注)ここでは専門用語(キーワードにもなっている)をかぎかっこでくくっています(「所得」「非課税所得」「非課税規定」「包括的所得概念」)。ただし,すべてをかぎかっこでくくる必要は必ずしもありません(かっこが多すぎてかえって読みにくくなることもあります)。

(※1)では,所得税法が個人の「所得」に対する課税を定めた法律であることを条文の根拠を示して説明しています。単に所得税法7条と記載するだけですと,裁判官が所得税法7条の条文を六法で引かない限り意味が通じない書面になってしまいます。そこで,必要な文言を書面のなかで引用したうえで説明をしています。(※2)は条文の根拠だけでなく,租税法の権威の体系書も引用することで説明に深

みを与えています。租税法を勉強している人にとっては，いわずもがなの議論です（前提中の前提といえます）。しかし租税法の勉強をしたことがない読み手を想定すれば，専門家にとってはあたりまえすぎることでも，詳しく解説することが必要です。

（※3）では，直前に引用した所得税法9条1項5号の意味を説明しています。（※5）では「包括的所得概念」という専門用語をひとことでわかりやすく説明しています。ひとことでいえばなんなのかという観点で言葉をそぎおとしています。シンプルな言葉ほど専門家でない人には伝わるからです。ここにさりげなく具体例も添えています（※4）。

（※6）では「フリンジ・ベネフィット」という所得税法の専門用語の説明をしています。専門家にとってはこれもあたりまえの用語です。しかし専門外の人が読み手であることを前提に，ひとことで説明をしています。「要するになんなのか」「ひとことでいうとどうなるのか」といったざっくりとした観点で説明すると，専門用語はわかりやすくなります。

学術書や専門書での説明は，正確性を担保するあまりに理解がむずかしい定義になっていることも多いです。こういう場合には自分なりの言葉で表現をしたほうが，わかりやすい説明になります。

（※7）で「所得税法28条1項」という条文上の根拠を挙げ，かつ「解釈」から導かれることも指摘しています。（※8）で最高裁判決も挙げることで確固たる議論であることを示しています。

33 イメージしやすい比喩（たとえ）が書かれている

　業界用語や専門用語などについて丁寧に説明をしたほうがよいことをお話ししました（「30　業界用語の意味が説明されている」「31　専門用語の意味が解説されている」）。そのための技術として，わかりやすい具体例を入れるとよいということもお話ししました（「32　わかりやすい具体例が書かれている」）。

　このような技術を駆使しても，それでもむずかしい言葉や概念，わかりにくい理論や事実というものは存在しています。主張そのものについても，論点が複雑で理解してもらうことが容易ではないということもあるでしょう。相手の主張のおかしさを指摘したいのだけれども，理論的な議論だけで反論をしても説得力がでないという場合もあるかもしれません。

　こうした場合に効果的に使うことができれば，有効な手段になる技術があります。それが「イメージしやすい比喩」を用いるという方法です。いわゆる「たとえ話」です。

　口でしゃべっているときや，口頭で議論をしているときなどには，弁護士などの法律家も，くだけた言葉で，くだけた話をします。ところが，いざ裁判所に提出する書面を書くとなると，とたんにかたい言葉で理論的に抽象的に文章を書くことに没頭してしまうものです。そのこと自体は，法律文書に論理性や説得性が求められていることからすれば，やむを得ないことです（むしろ当然のこととともいえます）。

　しかしそれだけでは読み手に響かない（届かない）という場合が，ど

うしてもでてきます。それは口でかみくだいて話をすればわかるのに，まわりくどく文章で書くとまったく伝わらないことがあるからです。

それを回避するために，**補足的に，話をするときの感覚を文章にとり入れてみる**のです。もちろん文体は通常どおりのものを使う必要があります。しかし使うあたまは変えます。**「裁判官に直接会って会議室などで説明をするとしたら，どんなことをいうだろう」という視点で発想する**のです。それを裁判所に提出する文書の文体・文章に落としこみます。

議論がどうしてもかたくるしくなり「果たしてこれで裁判官にわかってもらえるだろうか？」という疑問がわいたときには，直接話をして伝えるとしたらどんなことをいうだろうと考えてみることです。

その発想を書面のなかに添えると，イメージしやすい文章に変身させることができます。

「たとえばですね…」「比喩的な話をしますとね…」「いわば××ですよ」「こんなことがあるじゃないですか，××みたいなことが」，会話のなかであれば，こういう話をよくすると思います。

話し言葉のときであればあたりまえのように使う表現を思い浮かべ，それを文章に落とすこと，これがポイントです。

34 要旨が短くまとめられている

　「ひとことでいえば，どういうことですか」「原告が最も強調したい主張はどの点でしょうか」「要旨をつけてもらえませんか」「短くまとめてもらえませんか」。こうした要望は，裁判所から当事者（代理人）に対して法廷などでよくなされています。裁判所に限らず日常のシーンでも，「それって要するにどういうこと？」「端的にいうと，どういうことですか？」といった議論がよくあると思います。

　文章の書き手は，力が入れば入るほど，たくさん書きたくなるものです（話をするときでも同じだと思います）。

　しかし伝える側と受ける側には大きなギャップがあります。伝える側は時間をかけ，いいたいことをこれでもかとさまざまな角度から論じたとしても，それを受ける側（読み手の側）にはそこまですべてを受け入れる準備はできていません。**読み手はその案件だけなくさまざまな案件を抱えるなかで「ワンノブゼム（one of them）」として，その当事者（代理人）の文章を読んでいる**からです。

　本音をいえばできる限り時間をとらずに処理をしたいのだと思います。「ああ，そういうことね」ということがわかれば，長い資料でも「あとは読まなくていいや」と気持ちが楽になるものです。あなたもそういう経験をされたことがあると思います。

　クライアントが長々と書いた書面やメール，送付されてきた大量の資料を思い浮かべてください。ほかにも案件を抱えるなかで「こんなにた

くさん書かれても読めないよ」「こんなに大量に送られても困るんだよね」と，もらすことがあるのではないでしょうか。

　裁判官にも同じことが起きています。それを想像することです。人はとかく自分を中心に考えてしまうものです。受け手（読み手）の側にいる場合には，上から目線で「長いなあ」「読みにくいなあ」「もっとまとめてくれよ」「なにがいいたいのかわからないよ」と思うものです。
　しかし自分が書く番になると，すっかりそのことを忘れてしまいます。**自分が忙しいときに（急ぎの案件が重なっているときに），大量の書面を送られてきたらどう思うか。これをリアルに想像することが重要です。**そのとき，あなたはどういう書面であれば助かるか，こういう発想をしてみることです。

　書面は長くても，資料は多くても，要約したＡ４のペーパーが１，２枚（あるいは３枚程度）で添えられていたらどうでしょう。**それをみると，どこにどんな資料があって，そこにはどんなことが書かれているのか，そして最も重要なことはどれか，最優先で読んでもらいたいところはどこなのか，こうした情報が書かれた文書が添えられていた**とします。
　それがあれば，「まずそのペーパーだけを読んでおこう」となるのではないでしょうか。そしてそこに上手に内容がまとめられていれば，大量にある書面や資料を横目にしながら，「だいたいこんなことが書いてあるのだろうな」「詳細は時間のあるときに読もう」と思えるはずです。

　裁判官にもこうした楽になれるサービスをしてあげることです。要約をつけることは，単なるサービスやマナーの問題ではなく，忙しい裁判

官に短時間で気持ちよくこちらが伝えたい情報を知ってもらう（理解してもらう）ための強力なツールにもなります。

　方法としては長めの書面になるときには，まず冒頭に書面全体で記載した「主張の要旨」を書くという方法があります。あるいは大部の書面を何通もだすとき（だしてきたとき）に，「これまでの書面の要約版」を数頁でまとめるという方法もあります。

　この点，上告審では「『理由要旨』及び『目次』の添付について（お願い）」（東京高等裁判所民事部）と題する書面で，「理由要旨」をまとめた要約書面が求められています（以下を参照）。

【「『理由要旨』及び『目次』の添付について（お願い）」】
　「理由書の記載内容の要点を的確に把握できるようにするため，頁数が多くなる場合には，理由書に「理由要旨」を添付されるようお願いします。特に，理由書の頁数が20頁（Ａ４版１枚1000字で換算して２万字程度）を超える場合は，「理由要旨」のほか理由書「目次」を添付されるようお願いします。」

　あくまで「お願い」ですし，直接「お願い」をされているのは上告審だけですが，下級審においても同じニーズがあると考えたほうがよいでしょう。

35 出典と引用の範囲が正確に示されている

　体系書などの書籍，あるいは論文等から引用をする場合には，①引用をしたことと，②引用の範囲を，明確に記載することが大切です。このことについては，「20　引用であることが示されている」でお話をしました。ここでは，③引用をした際の出典の記載方法，④引用ではなく参照をした場合の記載方法についてお話します。

　まず，③引用をした際の出典の記載方法について注意すべきポイントをお話します。**引用をする際には出典も明確にすることが重要です。判例であれば登載されている判例集もきちんと指摘することが必要です。証拠として提出しているのであれば証拠番号も記載します。論文の場合には，著者（学者の先生など）の氏名はもちろん書籍名と版，該当頁の指摘は最低限必要**です。

　オーソドックスな本でない場合には出版社名も記載し，出典を特定する必要があります。

【出典を明記した引用の例】
　租税回避については，次のように説明されている。
　「租税回避（略）とは，……私法上の形成可能性を異常または変則的な（略）態様で利用すること（濫用）によって，税負担の軽減または排除を図る行為のことである。
　租税回避には，２つの類型がある。１つは，合理的または正当な理由がないのに，通常用いられない法形式を選択することによって，

通常用いられる法形式に対応する税負担の軽減または排除を図る行為である（略）

　もう1つは，租税減免規定の趣旨・目的に反するにもかかわらず，私法上の形成可能性を利用して，自己の取引をそれを充足するように仕組み，もって税負担の軽減または排除を図る行為である。」（金子宏『租税法〔第22版〕』〔弘文堂，2017年〕126－127頁）。

注）かっこ書きにある「甲12」というのは甲号証の証拠番号の指摘です。文献を証拠として提出する方法があります。基本六法を超えた専門法領域についてはできる限り体系書や判例についても証拠として提出をしたほうがよいと思います。もちろん本来的な意味での証拠ではありませんが，裁判官に参考資料を提供するのです（いわば情報提供です）。税務訴訟では課税庁（国）の代理人も文献や判例を証拠で提出します。納税者代理人も積極的に文献や判例を証拠（参考資料）として提出するのが通常です。「甲12」と書いておけば，裁判官は書庫から金子宏『租税法〔第22版〕』を持ち出すこともなく，提出された訴訟記録にとじられている甲12号証をみればよいことになります。

　こうした出典の特定はめんどうくさがらずに，正確に行うことが必要です。特にスタンダードな体系書になると，書名だけでなく版も重要になります。版が違えば同じ記載でもページ数も異なります。同じ著者の同じ書籍でも版が変われば記載内容（考え方）が変わることもあります。

　チェックする側としては必ず最新の版を検討しこれを提出するように心がけることが重要です。**改訂版がでたときには，記述内容に変化がないかをチェックしたほうがよい**です。当方に有利にさらに加筆されてい

るということもあります。その場合には最新の版をさらに証拠提出することが重要です。

　このように，引用をしたときにはその範囲を明確にして出典を記載します。これによって，読む側も安心して読み進めることができます。どこからどこまでが権威の考え（記述）で，どこからどこまでが書き手の考え（記述）なのか。これがわかり，両者を客観的に比較しながら読むことができるからです（引用に強引さがないか，我田引水的でないかといったことを読み手はみるはずです。逆に引用が的確で勝敗の帰趨に影響を与える議論であるような場合には，そこに注目が集まるはずです）。

　ここで気をつけるべきは，ほんとうは引用ではないのに（あるいは引用ではない箇所なのに）あたかも引用したかのように表記してしまうことです。こうした引用間違い（不正確な引用）を読み手に発見されると，だんだんと書面全体に対する信用が落ちてきます。話半分に聞く，ということがありますが，そういうスタンスで読まれてしまうおそれがあります。引用については慎重に正確に行うことが必要です。

　当該文献を引用したのではないけれど参考にしたという場合には，「参照」と明記するように注意をすることです（④）。具体的には，次のように記載します。

> 【引用ではなく参照にした場合の表記】
> 「……（○○○○『○○法〔第○版〕』〔○○○，○○○○年〕○頁−○頁参照）。」

　引用をした範囲とそれ以外の記載の区別を明確にすることは，それが正確であればあるほど，読み手である裁判官との間に信頼関係を築き上げることができます。裁判官に「引用している箇所をきちんと分けて書いていますね」と思ってもらえれば，書面全体に対して書き手に対する信用が生まれます。

　細かいことと思うかもしれませんが，法律家は細かいことを非常に気にする人の集団です（ここで重要なことは，他人が書いた文章に対して特に細かく厳しい見方をするのが，法律家の特徴だという点です。他方でもうひとつの特徴としては，自分の論理に心酔し，自分が書いた文章には甘いという点もあります）。

　引用については「100％正確になされているもの」と「そうでないもの」がチェックによって明確にわかります。雑にやってしまうと後者に入る危険が高くなります。こうしたことがないよう，**何度も見直しをする**ことです。

　具体的には，引用した文献とつきあわせて，かっこでくくった引用の範囲やその内容に誤りがないか，版は正しいか，ページ数は正確かといった点を数回チェックすることです。

36 引用した記述のうち，どの部分がどのように関係するかが示されている

　裁判所に提出する書面では，一般の書籍と異なり，引用する部分も多くなるものです。事実認定のみの争いの場合には引用する場面はないかもしれません。しかし税務訴訟などの行政訴訟などを典型に，**法解釈の争いがあるものについては，判例や文献の指摘が必須になってきます**。そこで引用すべき場面が増えてきます。

　民事訴訟法の勉強をすると「法解釈は裁判所の専権である」「したがって弁論主義の適用もない」「ただし，当事者の不意打ちを防止するために法的な観点を指摘すべき義務が裁判官にあると解すべきとの学説がある」といったことを習います。
　しかし実際に法解釈をどのように考えるかで結論に大きな影響を与える訴訟においては（税務訴訟では非常に多いです），法解釈の主張も書面で行わなければなりません。**「法解釈には弁論主義の適用がない」**といった理論的な問題と，**「実際に裁判官に当方が主張する法解釈を採用してもらえるか」**という現実的な問題とは，切り離して考えなければなりません。

　引用をするときに気をつけるべきことは，詳しく説明をしてきました（「20　引用であることが示されている」「34　要旨が短くまとめられている」「35　出典と引用の範囲が正確に示されている」）。
　こうしたことができれば，最低限はクリアになりますが，さらに次の点もできると引用は効果的になります。それは，実際に引用した記述のどの部分が，当方の主張に，どのように関係してくるのかまで記載をす

ることです。

「読めばわかる」というふうに書き手は思ってしまいがちです。しかし，たとえば証拠説明書には「立証趣旨」の欄があります。
「立証趣旨」の欄になにが書かれているかを裁判官は熱心に読み込むといわれています。当事者（代理人）の側からすれば，自分に有利だと思って証拠をだしています。

ところが，実際にその証拠のなかのどの部分をどのように評価してもらいたいのか，どのように原告に有利になるのかといったことは，当事者のように特定の立場でものをみない裁判官にとっては意外とわからないのかもしれません。

こうして「立証趣旨」の記載が重要になります。文献などを引用する場合でも，どの引用がどのような意味をもっているのか，どのように読んで欲しいのか，どの主張との関係でどのような理解をすればよいのか，といった点を明らかにすることが重要になります。

引用した文献を証拠としても場合には，証拠説明書の「立証趣旨」の欄でこの点をまず明らかにすることが必要です。しかしそれにとどまらず，書面を読むときに（引用箇所を裁判官が読むときに）即座に引用の意味も読み取ってもらえるよう，書面でも丁寧に説明をします。

引用した内容を整理し，まとめることで，引用したことの意味を明確にするという方法もあります。たとえば，「35　出典と引用の範囲が正確に示されている」で引用の例として掲載した文章をもとに引用のまとめをすると，次のような文章になります。

【引用内容を整理しまとめた文章の例】
(引用部分＝107頁と同じ)

租税回避については，次のように説明されている。

「租税回避（略）とは，……私法上の形成可能性を異常または変則的な（略）態様で利用すること（濫用）によって，税負担の軽減または排除を図る行為のことである。

租税回避には，2つの類型がある。1つは，合理的または正当な理由がないのに，通常用いられない法形式を選択することによって，通常用いられる法形式に対応する税負担の軽減または排除を図る行為である（略）

もう1つは，租税減免規定の趣旨・目的に反するにもかかわらず，私法上の形成可能性を利用して，自己の取引をそれを充足するように仕組み，もって税負担の軽減または排除を図る行為である。」（金子宏『租税法〔第22版〕』〔弘文堂，2017年〕126－127頁）

(引用を整理しまとめた部分＝書き手の言葉)

すなわち，租税回避には，次の種類がある。

①　通常用いられない法形式を選択することで，税負担の軽減・廃除を図る行為
②　趣旨・目的に反する租税減免規定の適用を求め，税負担の軽減・廃除を図る行為

37 文字ではわかりにくいことを図式化している

　わかりやすい文章を書くための技術について，さまざまな工夫の仕方をお話してきました。業界用語や専門用語を説明したり，正確な引用を的確に行い，自分の言葉でもこれを補足し説明すること，それでもわかりにくい場合には，具体例を入れたり，比喩やたとえを入れることなどです。これらはいずれも文章そのものの技術でした。

　場合によっては，文章で読むよりも，図表や絵でみたほうが理解が早いものもあります。裁判所に提出する書面に図表や絵を入れるという発想は，従来はあまりなかったかもしれません。

　しかし最近では（税務訴訟などの判決をみていると），複雑な取引などがあった場合などには，裁判所の判決書にも図式化された取引関係図が別表や別紙として添付されていることも増えてきました。

　遺産分割など相続がらみの事件における「相続関係図」をイメージしていただけるとわかりやすいと思います。「相続関係図」が必要になるのは，**当事者や関係者がたくさんいる場合，その関係を把握するには，文章で読むよりも，1枚の図でみたほうが早いからです**。

　同じように相続以外の訴訟でも，登場する当事者等のそれぞれの関係（取引や契約関係，お金の動きなど）を1頁以内におさまる図であらわすと明瞭になることがあります。

　もちろん文章でも説明をするのですが，**「要するにこういうことです」という図を，その文章の直後にそえるのです**。別表や別紙で添付するという方法もありますが，書面のなかに図を貼りつけてしまったほうが読み手にとってはわかりやすいです。

文章での説明があって「詳細は別紙1を参照」などとあるよりも（別紙1までページを繰る必要があります），説明した文章を読んでいるとそこに関係図がでてくるほうが，読み手の理解ははかどります（ほかのページまでたどる手間も省けます）。この考えを徹底すると，書面が30頁，40頁と長くなっている場合には，随時，関係図などを書面のなかに登場させるという方法もでてきます。「（上述の）○頁の関係図を参照」とするよりも，図をみる必要がある文章を読む都度，その図が登場するほうが読み手にとっては楽だからです。あるいは同じ図をベースにしながらも，記載の内容によって（時系列の変化や論じる内容の変化などにあわせて）矢印（→）を変えるなど微細な修正をしていくこともできます。

　関係図に限りません。理論的な内容や主張そのものの内容，条文の構造などについても，複雑で文章だけでは伝えにくい場合には，それも図や絵にしてしまうという方法があります。図のよさは「ぱっとみて，すぐにわかる」という点です。文字情報の場合にはそれを読んで理解する時間が必要ですが，図や絵は違います。

　実感する方法は簡単です。1番わかりやすい例は，地図です。地図があって現在と目的地が赤で書かれていたとします。それをみると瞬時に赤色の部分をみて，これから進むべき道が想像できるでしょう。順路が矢印で書かれていればさらにわかりやすいです。**こうした地図を法律文書でもつくってみることです。**フローチャートをつくるのもひとつですし，図表にするのもひとつです。アイデア次第でいろいろな方法があると思います。

　ビジュアルは上手につくれば強力な伝達手段になります。気をつける

べき点は，逆にわかりにくくしたり，内容に沿わない図を書いてしまうことです。

　図表や絵のよさは「ぱっとみて，すぐにわかる」ことにあるため，その精度を高める（読み手が理解に要する時間を短縮する）工夫も必要になります。たとえば，デパートでトイレに行きたくなったときに，そのフロアの地図をみると，トイレマークが色つきで書かれているとみつけやすいと思います（男性の絵が青で，女性の絵が赤）。トイレそのものもそうです。多くのトイレは「青」「赤」（そしてイラスト・絵）という視覚的な情報で，自分がどちらのトイレに行くべきかを瞬時に理解できるようになっています。

　「男子」「女子」という言葉よりも「青」「赤」あるいは「帽子の絵（男性の絵）」「スカートの絵（女性の絵）」という**ビジュアルのほうが，文字情報よりも速く認識できる**からです。

　これを裁判所に提出する書面にも応用するのです。そういった意味では象徴的なイラスト（だれもがすぐにイメージできる絵）や色を使う方法もありますし，記載情報が多い場合には1番みて欲しい部分に目立つ色をぬり，あるいは丸（○）で囲むという方法もあります。

　たとえていうなら，むかし流行った『ウォーリーをさがせ！』の絵本でウォーリーがいる場所を油性の太いマジックペンで丸（○）をつけておくイメージです。初めてその絵本を読む人でも，ページを開いた瞬間にどこにウォーリーがいるかを瞬時にみつけることが可能になります。これがビジュアルによる伝達力です。

38 まとめが書かれている

　書面の枚数が多くなったときには，要約を書いて整理するとよいといいました（「34　要旨が短くまとめられている」）。要旨は基本的には冒頭に記載することになります（長い1通の書面，あるいは複数の書面とは別の書面として，要旨だけの書面を書くこともあるでしょう）。

　これに対して「まとめ」は文字どおり，それまで書いてきた内容をまとめる文章になりますので，書面の最後に書くことになります。準備書面の長さにかかわらず，最後に「まとめ」を書くとすっきりします。

　その「まとめ」を読むだけで，これまで読んできた書面の内容を整理できるからです。「いろいろ書いたけれども最も重要なのはこの点です」と念押しをすることもできます。争点が多かった場合にはそれを再度整理して，争点ごとに要旨をコンパクトに列挙していくという方法もあるでしょう。短い数行で本当に重要な点だけを強調しておくという方法もあります。

　いろいろな記載方法があります。「まとめ」を入れることは，読み手にとってはインパクトになります。

　話をする場合でも同じです。セミナーや講演の最後の5分で「今日のまとめをしましょう」といわれるとおさらいにもなり，その日に聴いた講義内容を整理できます。裁判所に提出する書面でも「まとめ」を入れることで，その書面で書いた内容を整理することができます。

　それほど長くない書面では，最後に「第○　結論」「第○　結語」「第○　まとめ」といったタイトルをつけて「まとめ」を書くのがよいです。

長い書面でそれぞれのまとまり（争点）ごとに「まとめ」を書く場合には「第〇　5　小括」というように「小括」というタイトルを使う方法があります。「小括」というのは小さく括ること，部分・部分で小さなまとめ（要約）をするという意味です。「総括」が全体のまとめをするのに対して，「小括」は部分のまとめになります。

　以下の判決文の抜粋は，最近の税務訴訟の地裁判決ですが，当事者の主張の欄で争点ごと（当事者ごと）に「まとめ」が入っていて，わかりやすいです。

【名古屋地裁平成21年9月30日判決・判時2100号28頁】
「(キ)　まとめ
　以上のとおり，A商事の従業員らは，本件先物取引において違法な勧誘，取引を行ったものであるから，A商事は，これによって被った原告の損失につき，民法715条の不法行為責任を負うものというべきである。」

39 終始一貫している（ぶれない）

　論理的な文章を書くためには**「矛盾」がないことが重要**です。司法試験の論文試験の答案でも「論理矛盾に気をつけること」という注意がありました。

　同じ書き手が書いた１通の書面のなかで（あるいは以前に提出した書面との間で）矛盾が生じてしまうことを**「自己矛盾」**といいます。こうした矛盾が生じてしまう原因は，論理の組立てが不十分であることにあると思います。端的にいえば「一貫性」がないということです。それだけ**「一貫性」というのは，論理的な文章にとって重要な要素なのです。**

　こうしたことは司法試験の論文レベルの話であり，弁護士などが書く書面ではあたりまえのことではないかと思われるかもしれません。しかし裁判所に提出する書面に明らかな矛盾を書くことはないとしても，**「主張がぶれている書面」は注意をしないと，だれでも書いてしまうおそれがあります。**

　たとえば，①論点や争点が多いなかで，クライアントにとって利益になる主張をすべて採用したために，全体の一貫性がなくなってしまうという場合があります（いわゆる**「いいとこどり」の主張**）。②主張内容を磨き上げていなかったことでぶれていく場合もあります。③複数の人が１通の書面をパートごとに担当し，合作でつくったため生じる場合もあります。

　このうち②は，書面を書くまえに全体を通じての主張内容がかためられていないことから生じます。書いているうちにトーンが変わるものです。最初に書いていた主張が途中から微妙に変わったり，拡大・縮小するようなケースです。

こうした「主張のぶれ」がでてくると，説得力が落ちてしまいます。「論理的じゃないですね」という感想までもたれることはなかったとしても，「説得力のある議論ではないようだな」という印象をもたれる可能性がでます。プレゼンや演説，スピーチなどでもそうですが，**人は最初から最後まで一貫して伝える人の話に耳を傾ける**ものだからです。

　最初はよくわからなかったり疑心暗鬼だった人も，同じことをくりかえし，くりかえし聴いていると，そのことが正しいように思ってくるものです。少なくとも説得力がある議論だと感じることは多いです。
　それは，人との関係における「親近感」のようなものです。クラス替えをして最初にみたときは「気が合わない」「いやなやつ」と思っていたのに毎日会っていろいろな経験をするうちに「じつはいいやつじゃないか」と思うことはよくあります。接触の度合いが増えることによる「親近感」の上昇だといえます。
　同じものにくりかえし，くりかえし触れていると，だんだんとそれになじんでいき，最初は違和感を感じたことにかえって親しみを覚えるようになります。**その前提には，そのもの（人）が常に同じである（一貫している）ことがあるのだと思います。**
　登場した当初は，独特な文体であまり人気が出なかった作家が，同じ作風で書き続けているうち，世間でも広く受け入れられ，人気作家になる。また，ある1冊の本について，読み始めた当初は文体に違和感を覚えたけれど，ずっと読んでいるうちに慣れてきた。そして，むしろ好きな本になった。そんなことがあります。これはその変わった文体をその作家が一貫して使っていたからこそ，何度も触れるうちによさとして受け入れられた現象だといえます。

書面に書く主張も一貫して書くことです。そのためにはすでに書きましたが，キーワードは同じ言葉で統一し，主張内容も表現も含めて同じ言葉を使ってあらわしたほうがよいです。**言葉が変わると，内容も少しずつ変わってしまうものだからです。**

　その主張の説明の仕方はさまざまな角度からさまざまな言葉で行うことで，読み手に伝えることが可能になります。しかし**主張そのものは，言葉を変えずに同じ言葉で一貫していたほうが，読み手に響きやすくなります。**
　初めて読んだ法律の条文が，体系書や判例などをくりかえし読むうちに理解できるようになる。こういうことがあると思います。そのときにその条文そのものは，まったく同じ文言で存在し続けています。それと同じです。

40 ストーリーを伝えられている

　わかりやすく伝える技術についてさまざまな方法をお話ししてきました。やや高度なテクニックとしては，「ストーリーで伝える」という方法があります。「ストーリー」というのは物語です。桃太郎や浦島太郎というと，だれでもその物語の概要くらいはしゃべることができると思います。暗記をしたわけでもないのに，物語のアウトラインがあたまに入っているからです。

　これは「ストーリーの威力」だと思います。もちろん小さいころに桃太郎や浦島太郎の絵本を親などからくりかえし読んでもらった，自分でも読んだ，幼稚園や学校でも教わり，テレビでもみた。そういったくりかえしが記憶に定着したからだといえるかもしれません。

　しかし中学や高校のころを思い出すと，いまではすっかり忘れた数学や物理，化学などの知識がたくさんあると思います。その分野に進んだ人はともかく，法律家になった人は，多くの方はこうした知識をもう忘れてしまっているのではないでしょうか。

　学校の勉強をさぼっていたのでなければ，少なくとも中学・高校時代はくりかえし勉強をして，期末試験や大学受験のときには記憶に定着した知識になっていたはずです。それがいまではまったく覚えていない。それでも，もっとむかしに読んだ桃太郎と浦島太郎の概要は覚えている。これが「ストーリーの威力」だと思うのです。

　「ストーリーの威力」は，単純で筋が通っており，内容がわかりやすい場合に初めて機能します。あまりに壮大で複雑な内容の小説や映画になると，そのときは楽しんでもしばらくすると忘れてしまいます。

「ストーリーの威力」というのは，物語であるがゆえの力ではなく，シンプルであるがゆえの力なのです。情景が浮かぶほど明確で，流れのある単純さ，これが桃太郎や浦島太郎の物語の魅力なのだと思います。

　これを裁判所に提出する書面でもやってみることです。書面を読んだ裁判官のあたまのなかにストーリーが自然にインプットされるような主張を展開するのです。
　そのためには，上記をまとめると，①単純であること，②明確であること，③情景が浮かぶこと，④筋が通っていること（仮に理不尽だとしても筋が追いやすい（把握しやすい）こと），⑤わかりやすいことなどが要素になります。

　比喩（たとえ）の使い方でもお話しましたが（102頁参照），発想としては，「口でしゃべって主張を伝えるとしたら，どのように話すか」といった視点が重要です。話をするときのことを想像して，耳で聞いたとしても理解できる，わかりやすい物語（アウトライン）を考えるのです。
　物語（ストーリー）といっても，事実はすでに存在しています。創作ではなく，実際にあった事実（時系列）をわかりやすくまとめる作業です。こうした作業はインタビューを短く記事にまとめるライターさんがたけています。事実を都合よく曲げるのではありません。
　最も重要な部分（本筋の部分）を「そういうことか」と思えるように１本の物語として構築し直すのです。要約の作業なので，細かい部分（本質的でない部分）を捨象することが必要なのです。
　本質的な部分を幹として残し，それだけを追って説明したときに，初めて聞いた人でも納得できるかを，次に検証します。

「なんでそんな契約をしたのですか」「なんで原告はそんな行動をしたのですか」「ふつうはこうしませんか」といったつっこみ（疑問）を考え，それらのつっこみについて納得がいく説明ができるように事実を精査していきます。

　こうしてすっきりと理解できるシンプルな幹ができます。これがストーリーです。**「ストーリー」とは，たとえるならインタビュアーが取材した事実をわかりやすくまとめた記事です**。そこには，特定のテーマのもとで，本質的な部分が要約されています。一定の目的（方向性）をもちながら，本質的なことに絞って書かれた「物語」（真実）があります。

41 問題になる理由が的確に示されている

　争点は当事者が争うことで生じるものです。その争いの本質はどこにあるのかという問題があります。「問題になる理由」ということもできます。**「問題になる理由」が的確に示されていると，読み手は，争点について立体的な（深い）理解をすることが可能になります。**

　どの部分がどのように問題になるのか，分岐点などを示すことができれば，相手の主張のおかしさを具体的に指摘することもできます。

　特に法律上の主張の場合には，解釈や適用が争いになっている法律の条文の文言の読み方や範囲に争いがあるものが多いと思います。

　たとえば「不法行為その他突発的な事故」という文言があったとします（所得税施行令30条2号にあります）。このときに，ここにいう「不法行為」は，「突発的な事故」と同様の不法行為（相手方との合意に基づかないで突発的で予想できない不法行為）を意味するという主張があったとします（名古屋地裁平成21年9月30日判決・判時2100号28頁における被告の主張参照）。

　しかしこの条文の文言はよく読むと「不法行為その他の突発的な事故」とあるのではありません（「不法行為その他突発的な事故」であり「の」はありません）。条文の文言に「の」があったのだとすれば，ここにいう「不法行為」は「突発的な事故」と同様のものをいうと考えることもできるかもしれませんが，そういう文言ではありません。そこで上記のような限定をした解釈は採用できないと考えることもできます（同判決の結論）。

こういった法解釈の争点があったときに，そもそもなにが問題の出発点なのかを的確に示すことが重要です。

　単純に「所得税法施行令30条2号の「不法行為その他突発的な事故」は突発的な事故と同様の不法行為に限られるのか」という問題を立てるのではなく（もちろんこのことは指摘する必要がありますが），**①なぜこの条文の規定の適用が問題になるのか**（適用されると，どのような効果が発生するのか。適用されないと，どのような結果が生じるのか），**②具体的にその条文のどの文言が問題になるのか**（どのように読める可能性があるのか。どのように読むと，どのような解釈の帰結になるのか），**③立法趣旨との関係ではどう解すべきなのか**といったことを，具体的に指摘したほうがよいです。

　これができると，単なる争点名（論点名）というレベルにとどまらない，問題の深さがでてきます。本質的に検討すべき事項が，具体的に明らかになるからです。

42 多義的ではなく，一義的に書かれている

　主張に矛盾がなく，ぶれがないことが重要だというお話をしました。一貫性があることで，主張に説得力がでるからです（「39　終始一貫している（ぶれない）」参照）。

　これに補足して「ぶれない主張」「一貫性のある主張」を確固たるものにするには，**「多義的でなく，一義的に書く」という視点**もあわせもつことが重要です。

　最高裁の判決文などは，その事案を解決することには全力をそそいでいます。その事案を解決するために採用した判断枠組み（判断基準）については，抽象性をできる限り保ち，あとに生じた他の紛争について柔軟な解決ができる余地を残そうとしています。その結果，判断枠組み（判断基準）の部分はきわめて抽象的で，判例解説や学者の論文などでじつにさまざまな読み方が論じられることになります。解釈の余地が多分にあるので，「多義的」な文章だということができます。

　しかし裁判所に提出する準備書面などでは「多義的」な文章を書くことは避けたほうがよいです。

　文章が多義的だと，場合によって裁判官の良心的な読み方を許容するきっかけになるかもしれません。あなたが考えていたこととは少し違った観点で，裁判所から救済されることもあるかもしれません。しかしそれは都合がよい考えです。

　主張が一義的で明確であったとしても，救済すべきと考えれば，裁判所は（特に法解釈などについては自ら積極的な理由なども考え）当事者の主張を補足したうえで，救済を図ってくれるものです。

まずは一義的な文章を書き，明確な主張を打ち立てることが重要です。そもそもにおいて当事者の主張というのは，「主張責任を負っている事実について当事者の主張がないと判決で採用してもらえない」という理論的な問題もありますが，実務的には「要するに，なにをいいたいのだろう？」ということを明確にする作業です。裁判官に，①なぜこの点について争っているのか，②どうして相手方の主張はおかしいのか，③こちらの主張の正しさはどのような点から裏づけられるのか，といったことを伝えることに意味があります。

　その際に「こういうふうにも読めますし，こういうふうにも読めますでしょう」というような文章を書いていたのでは，裁判官に主張を理解してもらうことなどできません。交渉や日常会話などにおいては，あえて明確にせず，含みをもたせることで，相手に真意を考えさせる手法もあります。あいまいにすることで深く考えさせる戦術です。

　しかし裁判官は多くの案件を抱えるなかで大量の書面を読んでいます。含みをもたせて…などと悠長なことをやっていたら，忙しい裁判官からばっさり切られてしまうおそれがあります。

　多義的ではなく一義的な文章にするためには，相当に文章の書き方を洗練させていくことが必要です。余計な言葉はそぎおとし，最も重要なエッセンスを残します。その言葉をできる限りブラッシュアップし，一義的な文章に近づくように推敲するのです。

　最終的に100％一義的な文章にすることまではむずかしいかもしれません。しかしこうした視点を意識して文章を組み立てることができれば，相当にわかりやすい文章になるはずです。

43 事実関係が時系列で整理されている

ストーリーで伝えることの威力については，すでにお話をしました（「40　ストーリーを伝えられている」）。桃太郎や浦島太郎のようなわかりやすい「物語のアウトライン」を組み立てる技術でした。

ストーリーで伝える際に重要になってくるのは，発生した事実関係を「時系列」で整理することです。司法研修所でも，複雑な事実関係については「年表をつくる」という指導があります。法曹であれば，だれでもあたりまえのように意識できる視点だと思います。

しかし意識できる（知っている）からといって，それが的確に書面に反映されているかというと，必ずしもそうではありません。その最大の原因は時間がかかるからだと思います。てまひまも相当にかかります。実際にあった事実を完ぺきに把握するためには，当事者・関係者からのヒアリングが必須です。しかし彼らは必ずしもすべてを話しませんし，ときにはうそをつきます。こちらがききたいことを省略して話してしまうことなどもあります。

まずは，客観資料（契約書・稟議書・メール・通知書など）に記載されている年月日を「動かない事実」として考え，その線に沿って時系列表をつくってみることです。「たしか平成22年の7月ころでした」という当事者などの話は，どこまでが真実なのかわかりません。不正確な情報かもしれないのでそのまま使うことはしません。客観的な資料から把握できる「動かない事実」のみで時系列表をつくってみるのです。

そうすると，そのなかで「この間には××があったはずだ」「この前後関係はどういうことなのか」「この通知に対する回答がないぞ」「契約

交渉と契約締結日に整合性がないな」などさまざまな疑問がわきます（時系列表をじっくりとみていれば，必ずいろいろな疑問がでてきます）。**その疑問について当事者などに確認をし，客観資料の収集の補足をしていきます。**こうして客観資料（点）の強固なラインができたら，あとはそのすきまにある（客観資料はない）事実についてたんねんにインタビューをして把握していきます。**これによって点が線になり，事実関係の全貌がみえてきます。**ここまでは，多くの人がやっていることだと思います。

　ここまでを徹底してやることが大事ですが，それを文章に落とす際には，さらにわかりやすく整理をすることが必要です。**調査をすればするほど，すべて書きたくなります。**しかし事件の争点に直接関係ない事実まで網羅的に記載する必要はありません（裁判所も読みたくないでしょう）。他方で直接は関係ないものの背景事情としては知ってもらいたい（裁判所も知りたいであろう）という事実については記載をすることも必要です。**なにを記載し，なにを記載しないか，なにをどのように記載し，どのように整理するか，**こうした視点で組立てを考えます。

　わかりやすく整理した文章にするためには，小見出しをまめにつけることです。これはすでにお話しましたが，時系列を整理した文章を書くときには特に重要です。**ナンバリングや改行などについても，事実のまとまりごとに適宜行っていきます。**こうして事実のまとまりごとに分けると視覚的に明確となり，わかりやすさにつながります。

　上記の作業で自分自身が抱いた「疑問」について，過不足なく記載をすることも重要です。客観的な事実や証拠を引用しながら淡々と書いていくことで，「動かない事実」は明確になります。

それだけでなく「でも，なんでこんなことをしたのだろう？」と読み手が疑問に思うであろう部分についても，補足をしておきます。「これは××という事情があったからである。」といったような具合にです。

　こうした**「疑問」に対するフォロー（合理的な説明）があると，時系列がストーリーとして読み手のあたまに入る文章になります**。疑問に思った点について納得できる説明のある文章を読むと，人はそれを整理されたものとして記憶できるからです。

44 当事者の主張が整理されている

　相手方の書面に対する反論書面を書くときには，相手方の主張をピックアップして反論することになると思います。準備書面などではごく基本的なことです。問題はその記載方法です。

　当事者の主張の攻防を記載する方法には，①当方の主張を記載した書面のなかで，補足的に相手方の反論に答えるものがあります。具体的には，次のような書き方です。

> 【①当方の主張を記載した書面のなかで補足的に反論するもの】
> 「（当方の主張を論じたあとで，最後の部分で）
> 　なお，この点について，被告は××××と主張する。しかし，×××なのであり，××××である。よって，被告の反論はあたらない。」

　また，②相手方の主張の要旨を記載して，それに対して反論するものもあります。具体的には，次のような書き方です。

> 【②相手方の主張の要旨を記載して，それに対して反論するもの】
> 「（1）被告の主張
> 　被告は，×××について，××××である旨主張する。
> （2）被告の主張の誤り
> 　しかしながら，被告の上記主張は誤りである。なぜならば…」

　以上がよくあるパターンです。第3の方法もあります。②に似ているのですが，③被告の主張についてはできる限り主張を引用し，それに対

して具体的に反論します。もちろん引用のルールに従い，かぎかっこで引用の範囲を特定する必要があります。

この方法を使うメリットは，被告の主張を徹底してつぶしておきたい場合に（通常であれば②のパターンをとる場合に），被告の主張を要約する手間が省ける点です。手間だけの問題ではなく，要約による誤導などを防ぐことができます。相手方の主張のうちどの部分がどのように誤りなのかを具体的に指摘することもしやすくなります。

この方法は，複雑な訴訟で反論すべき主張が多い場合には効果的です。具体的には，次のような書き方をします。

【③被告の主張をできる限り引用し，それに対して反論するもの】
「第1　争点1について
　1　被告の主張
　　争点1について，被告は，次のように主張する（被告書面（3）13頁-14頁）。
　　「　　　　　　　　（引用）　　　　　　　　」
　2　被告の主張の誤り
　　しかしながら，被告の主張は誤りである。なぜならば…」

当事者の主張の攻防は，自説の主張だけであれば単純ですが，相手方の主張を反論する場合には，**①どのように相手方の主張を挙げ**，**②どのように相手方の主張に反論をするかという問題**がでてきます。どのパターンがよいのかをみきわめ，最もわかりやすい整理の方法で記載をすることが重要になります。

第3章
論理的だといわれる文章を書く技術

　本章では,「論理的だ」といわれる文章を書くために必要な,具体的な技術を明らかにする。

　全部で13の技術がある。文章に論理性をもたせる技術は,じつは暗黙知で成り立っている。接続詞の使い方,裁判官の思考パターン,法解釈と事実認定の区別などのほか,「二項対立」の視点もおさえたい。

45 接続詞が適切に使われている

「確かに→しかし→したがって」「まず→次に→さらに」「思うに→とすれば→よって」「この点→しかし→思うに→そこで」など，接続詞についてはさまざまなパターンがあります。司法試験の論文の書き方でも語り継がれてきました。

最近では「思うに」はおかしい，これは使わないという考えも強くなっているようです。しかし判決文をみると，いまでも「思うに」が使われているものもみかけます。裁判所に提出する書面で「思うに」を使う頻度は少ないと思いますが，少なくとも論文試験ではいまでも使い勝手がよい接続詞だといえそうです。

接続詞には一長一短があります。**文章技術の本をたくさん読んでいると，接続詞については２つの考え方があることがわかります。**

ひとつは**「接続詞を有効活用しよう」という考え**です（石黒圭『文章は接続詞で決まる』〔光文社新書，2008年〕という本があります）。わたしもこれまで書いた本のなかで「接続詞のパターンを上手に使おう」と書いてきました（木山泰嗣『弁護士が書いた究極の文章術』〔法学書院，2009年〕，『もっと論理的な文章を書く』〔実務教育出版，2011年〕）。

他方で，**接続詞はできる限り使わないほうがよいという考え**の文章技術の本も多くみかけます（たとえば，藤原智美『文は一行目から書かなくていい』〔プレジデント社，2011年〕には「よく練られた文章には接続詞は少ない」という指摘があります。藤沢晃治『「分かりやすい文章」の技術』〔講談社ブルーバックス，2004年〕154頁でも不要な接続詞を削るべきことが指摘されています）。接続詞をできる限り使わないほうがよいと書かれて

いる本の多くは，ビジネス文書や実用文，論文というよりも，文芸作品（プロの作家が書く文学作品・小説）を対象にしているものが多いです。

小説を読むとわかりますが，多くの小説にはほとんど接続詞がありません（三島由紀夫『文章読本』〔中公文庫，1973年〕に「「さて」とか「ところで」とか「実は」とか「なんといっても」とか「とは言うものの」とか，そういう言葉を節の初めに使った文章」は文章の格調を失わせるという記述があります）。これは文章のプロが言葉で情緒を伝える手段として，論理性をそぎおとした結果だといえるでしょう。

接続詞は，ひとことでいえば論理の方向性を示すベクトルです。論理の方向性が示されていると，文章の読み手は，次にどのような展開に進むのかがあらかじめわかります。忙しい裁判官が読む書面では，接続詞が適切に使われていると，それだけで進んでいく方向性がわかるのだと思います。

接続詞はその言葉をみるだけで，次にくる文章の方向が把握できます。この点が優れています。「しかし」といえば逆の展開になり，「また」とあれば並列関係で次の話がくるとわかり，「したがって」とあれば順接で結論めいたものがくるとわかります。ほかにも「確かに」とあればいったん反対の考えに配慮するのだなとわかります。これらは法律文書ではよく使われる技術です。**法律文書で接続詞が重宝されるのは，法律文書が論理で説得するものだからです。**この点で情緒を言葉で伝える小説や文学とは明確な違いがあります。

接続詞は上手に使うことが重要です。そしてあくまで適切に使わなければなりません。たとえば，ひとつのページのなかで同じ接続詞が2回

以上登場することは，できれば避けたほうがよいと思います（絶対ダメなのではなく，バランスの問題だと思います）。「**しかし**」**が２回続けて登場する文章もみかけます。これは文章の組立てを再考したほうがよい場合だといえます。**どうしても２回逆接が必要なときは少なくとも「しかし」と「しかし」ではなく，「しかし」と「ところが」にするなど，違う接続詞を使うような配慮も必要です。

接続詞の使い方については，裁判所の判決文を読んでいると，だいたいの流れがつかめます。**特に最近の最高裁判決の文章は参考になります。たくさん読んで裁判官が好む接続詞の使い方を研究することも肝要です。**

【最高裁平成21年12月３日第一小法廷判決・民集63巻10号2283頁（ガーンジー島事件）】

「（１） まず，　外国法人税といえるためには，それが租税でなければならないことはいうまでもないから，外国の法令により名目的には税とされているものであっても，実質的にみておよそ税といえないものは，外国法人税に該当しないというべきである。

　原審は，前記のとおり，本件外国税は，強行性，公平性ないし平等性と相いれないものであり，その実質はタックス・ヘイブン対策税制の適用を回避させるというサービスの提供に対する対価としての性格を有するものであって，そもそも租税に該当しないと判断した。

　確かに，前記事実関係等によれば，本件外国税を課されるに当たって，本件子会社にはその税率等について広い選択の余地があっ

たということができる。しかし，選択の結果課された本件外国税は，ガーンジーがその課税権に基づき法令の定める一定の要件に該当するすべての者に課した金銭給付であるとの性格を有することを否定することはできない。また，前記事実関係等によれば，本件外国税が，特別の給付に対する反対給付として課されたものでないことは明らかである。

　したがって，本件外国税がそもそも租税に該当しないということは困難である。

（2）次に，本件外国税の外国法人税該当性について検討する。」

注）「まず」→「次に」という接続詞のパターンと，「確かに」→「しかし」→（「また」をはさんでいますが）「したがって」という接続詞のパターンが最近の最高裁判決でも使われています。

46 裁判官の思考パターンにのっとっている

　法律文書には論理性が求められるといいました。**論理的な文章がどのようなものかについては，必ずしも明確な答えはありません。強いていえば，ものごとがきちんと整理され，筋道を立てて明快に矛盾なく論じられていることだといえると思います**（木山泰嗣『もっと論理的な文章を書く』〔実務教育出版，2011年〕参照）。

　しかし本書がテーマにしている文書は，一般の方が読むものではありません。あくまで裁判官が読む法律文書を対象にしています。
　新聞記事や一般書，あるいは学術論文などで求められる論理性だけを満たせばそれでよいというものではありません。**裁判所に提出する書面では，その手続で求められている要件を満たしていることを論ずる，という大きな目的があります。この点が一般文書とは違います。**

　裁判所に提出する書面では多くの場合，**「要件事実」**を満たすかどうかを論じることになります。要件事実が明確にない分野の書面であっても，少なくとも**「法律上の要件を充足しているかどうか」**を論じるものがほとんどでしょう。
　要件を満たすことを説得的に論じるためには，一般文書で求められる論理性だけでは不十分です。そこには一定の思考モデル（パターン）が存在しています。司法研修所で教えられてきた（現在では法科大学院で教わるとされている）法律文書のパターンです。そのひとつには民法で登場する「要件事実論」があります。もう少し大きな視点でみると，最も大事なのは**「法的三段論法」**になります。

「法的三段論法」はいうまでもありませんが，「大前提」に「小前提」をあてはめて結論を導く，判決文でたどる思考モデルです。**「大前提」は法解釈で，「小前提」は事実認定です**。判決を書く裁判官はこの流れで事件をみています。したがって，**少なくとも，２つの前提（大前提と小前提）は分けて論じる必要があります**。

　そして「**大前提**」である法解釈を論じる場合には，弁論主義が適用されない範疇ではありますが，①関連法令を的確にピックアップし（法律，施行令，施行規則，通達，事務運営指針などのレベルまで），②それぞれのどの文言が問題になるのか文言をかぎかっこで引用し，③どのような解釈があり得るのかを指摘し，④本件ではなぜその解釈をとるべきなのかを必要性と許容性の観点から論じ（必要性では価値判断を示し，許容性では立法資料を挙げて立法趣旨を論じることが多いでしょう），⑤これまで同じ問題あるいは似た問題について考え方が示された判例を指摘し，⑥参考になる学説についても論及することになります。こうした観点を過不足なく，かつ自説に有利になるように論じることが重要です。

　これに対して「**小前提**」である事実認定を論じるにあたっては，適切な証拠を提出することがまずもって重要です。**直接証拠がない場合には間接事実の積み重ねが重要になります**。それぞれの証拠のうち，どの事実がどのように主要事実を推認させるのかなどについて，丁寧に論じることが重要です。

　いずれも法律家としての基本です。しかし基本ほど重要で忘れがちなことはありません。実務をいろいろみているうちに忘れてしまうことも

あるかもしれません。事件に深く入ることで法律論を忘れてしまうこともあるでしょう。

　裁判官と違い，法律論だけでみることは必ずしも妥当とはいえません。**しかし読み手である裁判官は職業柄（職業の性質上），法律論として文章を読んでいることを忘れてはいけません。**

　実際にみた事実をどのように法律論にアレンジして裁判官に伝えるか，その料理の仕方こそ，腕のみせどころです。

　読み手である裁判官の思考パターンは，ほかにもいろいろあると思います。**研究を重ねていくことが重要です。**いずれにしても読み手を意識して文章を書くことは，具体的には読み手の思考パターンに沿って論じることです。

　これを知るためには，裁判官の講演や対談など（あるいはそれを記事にまとめたもの）に積極的に触れることです。**裁判官の言葉に注意深く耳を傾けて（文章を読んで）いると，そこには大きな示唆やヒントがあります。**

47 理由がきちんと書かれている

　論理的な文章というのは，ものごとが筋道立てて論じられている文章だといいました。**筋道を立てて論じられているといえるためには，ある前提ないし条件から，なぜ特定の帰結や結論が導かれるのか，その理由を明確にすることが重要です。**

　その理由に説得力があれば，読み手はその主張の正当性を直観する可能性があります。もちろんそれだけで結論が下されることはないでしょう。しかし**説得力のある理由が書面に書かれていると，その理由の正しさを検証する作業に入ってもらえる可能性がでてきます。**他の証拠や判例・文献に照らして検証をしてもらうことができれば，訴訟において優位に立つことができる可能性があります。

　逆に書面に書かれている理由に説得力がなければ，それ以上にその主張を検討してもらえない可能性があります。**読み手である裁判官は，ワンノブゼムとして，その事件の訴訟記録を読んでいます。立証責任を負う側の当事者の主張に説得力がないとなれば，その請求を認容する必要がなくなるだけです。**あとは楽です。安心して次の事件記録を読むことができます。こうして簡単に通過されてしまうような書面を書いてはいけません。そのためには，理由を書くことはもちろんですが，**その理由に裁判官の心に響くような説得力が求められます。**

　単純な消費貸借契約に基づく貸金返還請求訴訟や賃貸借契約終了に基づく明渡請求訴訟など一般化された類型の訴訟では，真新しい理由はなくても証拠さえそろえれば勝つことができるでしょう。

　しかしそうでない事件では，そこで**初めて論じられる論点，**あるいは**初めて論じられるに等しい論点**があります。その論点で確実に勝訴を得

るためには，裁判官が「なるほど，そういうことですか」とうなるような理由を提示することが必要です。先例がない税務訴訟の判決理由には，当事者のどちらかが準備書面で主張していた内容がほぼそのまま採用されることが多いです。それだけ説得力のある理由を書くことができた側が勝訴に近づくということです。

納税者が敗訴した判決を読むと国が準備書面で書いていた主張そのままということがあります。一方で納税者が勝訴した場合には準備書面で考え抜いて書いた書面の記述がそのまま（あるいはそれに近いかたちで）判決理由に書かれることがあります。裁判所も理由を欲しがっているということだと思います。

特に行政部の場合には多数の難解な事件を処理しています。これだという説得力のある理由を提示することができれば，裁判所も判決を書きやすくなると思います。もちろんすべてそのまま採用してもらうことをねらうのではありません（結果として採用されるのであればありがたい話ですが）。法解釈について先例を書く覚悟で判決を書く裁判官に，料理をしやすい素材を提供すること，これを目標にすべきです。

そのためには裁判官が読んでうなるような理由を書面に書くことです。特に法解釈が争いになるものや，事実認定でもむずかしい証拠の評価などが争点になっている場合には，「キーワードのようなひとこと」をみつけられるまで徹底して分析をし，考え抜くことが大事です。もやっとあたまにあるなにかを，なにかのままで終わらせないことです。それを研ぎ澄まし，切れ味のあるナイフのような言葉になるまで，磨き続けるのです。

理由を書くのはあたりまえのことです。しかし忙しい実務のなかで書面を書いていると，「××は明らかである」「××であることはいうまでもない」などと当然のように書いてしまうことがあります。
　その結論に理由が必要かどうかについてきちんと吟味をして，客観的に理由が必要とされるものについては，理由を書き忘れないように気をつけることも大切です。

48 問題提起がきちんとされている

　問題提起がきちんとされた文章を書く技術は，司法試験の論文試験でトレーニングを積みます。実務家として書く段になって，いまさらですかと思われるかもしれません。

　しかし司法試験における論文試験のような問題提起ができれば，それだけでよいというものではありません。**実務家としてやっていけるかの能力を試す論文試験と，裁判官に「なるほど」と思ってもらうための主張を展開する書面の作成とでは，求められるレベルが違うからです。**

　といっても裁判官にとってごくあたりまえの問題提起であれば，むしろ書かないほうが，くどくなくてよいかもしれません。すべてについて問題提起を書いていると，それは論文試験の答案のようになってしまい，かえって素人っぽくなってしまいます。**忙しい裁判官に読んでもらう書面では，余計なことは書かないということも大前提として重要だからです。**

　ここできちんと書くべき問題提起というのは，これまでの判例や他の事件ではあまり問題にならないような争点がある場合です。税務訴訟ではこうした争点があることが多く，丁寧に書くべき場面が多いです。

　言葉をかえると**争点設定力**といってもよいかもしれません。**特に法解釈などの争点では，先例がない場合などには，①当該法令のどの条文のどの文言を，どのように解すべきか，②なぜそのように解すべきか，③そのように解すると，どのような結論になるのか，④そのように解さないと，どのような不都合が生じるのか，といったことを具体的に論証することが重要になります。**そして，いろいろ問題はあるけれども，この

1点，このポイントをどう考えるかが最終的な結論を決めるというレベルまで落としこんだ問題提起をします。

これが上手にできると，有利な土俵を設定できる場合があります。その土俵の設定は客観的に正しくなければなりません。もっとも，法解釈のアプローチの仕方は，結局のところその事件での原告と被告の主張の仕方や裁判所の見方（求釈明）などによって決まります。判例を学習すると所与の論点があるように思えます。しかし民集に登載される最高裁判決が下される事件を1審から担当していると，結局は当事者の主張と攻防の仕方によって，争点（論点）やアプローチ，考え方が決まっていることがわかります。

法解釈は裁判所の専権です。しかし多くの事件を処理しなければならない裁判所は，実際には書面に記された当事者の主張を参考にすることが多いようです。

下記のレポ取引事件（税務訴訟）などのように，原告の主張と被告の主張の双方を挙げたうえで，どちらの主張も全面的には採用し得ないとして，裁判所が独自の法解釈を示す場合もあります。

そもそも法解釈は弁論主義の適用外なので，訴訟法的にはなにもおかしなことではありません。ここで重要なのは，最終的には法解釈は裁判所が自由にできるという前提があったとしても，その素材になるのは，やはり当事者双方の主張だということです。

以下に引用するレポ取引事件の判決文をみても，法解釈に対する問題点を双方が主張したことで（特に勝訴した原告＝納税者代理人が議論を工夫したことで），裁判所の判決が形成されるに至ったことがうかがえます。

【東京地裁平成19年4月17日判決・判時1986号23頁（レポ取引事件）】

「…被告らは，貸付金（これに準ずるものを含む。）は，いわゆる固有概念であるから，その意義は，所得税法283条1項，租税特別措置法42条の2等の規定を考慮して，私法上の性質に左右されることなく，租税法規の趣旨・目的に照らし，その経済的実質に着目してその意義を租税法独自の見地から解釈しなければならないとして，「貸付金（これに準ずるものを含む。）」とは，債務者に対して信用を供与する目的で弁済期日まで一定期間が設けられた金銭債権であり，その金銭債権から果実（利子ないし利息）が発生し得る元本債権をいうと主張する。

他方，原告は，所得税法161条6号「貸付金」が，私法上の貸付金という概念を租税法に借用した概念であって，金銭消費貸借契約に基づく貸金を指すとし，「貸付金（これに準ずるものを含む。）」とは，金銭消費貸借の対象金銭（若しくはその前提となる債権）又は準消費貸借など金銭消費貸借と同様若しくは類似の法律関係の目的である金銭（若しくはその前提となる債権）に限られる旨主張する。

そこで検討するに…（略）…

以上検討したところによれば，所得税法161条6号「貸付金（これに準ずるものを含む。）」の「利子」とは，消費貸借契約に基づく貸付債権を基本としつつ，その性質，内容等がこれとおおむね同様ないし類似の債権の利子ということができる。したがって，付帯する合意いかんでは資産の譲渡や役務の提供の対価として発生する債

権に付随して発生した利益をも含むと解する余地があるといえ，その意味で，原因となる法律行為の法形式のみからその適用の有無を判断できるものではない（この点において，原告の主張は採用できない。）が，他方，社会通念上，私法上の消費貸借契約における貸付債権とその性質，内容等がおおむね同様ないし類似するか否かが問題となる。その意味において，その法形式等を全く考慮することなく，経済的効果のみに着目して，同条号の「貸付金（これに準ずるものを含む。）」の「利子」に該当するか否かを判断することもできない（この点において，被告らの主張も採用できない。）というべきである。」

注）所得税法161条6号の「貸付金（これに準ずるものを含む。）…の利子」の意義については，この事件の判決まで先例はなく，特に「貸付金…に準ずるもの」がなにを指すのか，どのような基準で判断すべきか，という法解釈が争点になりました。上記のとおり，裁判所は原告（納税者）の主張と被告ら（課税庁）の主張の双方を挙げたうえでそれぞれを検討し，結論としては裁判所独自の見解を採用しています。法解釈には弁論主義の適用はありません。しかし実際には当事者の「法解釈の主張」が判決理由で検討されていることがわかります。

49 根拠となる条文や文言が示されている

　法解釈が争点になっている場合に注意すべきは，**条文の条数や項数を正確に記載し，そのうちどの文言がどのように問題になるのかを明確に**することです。

　この点も司法試験の論文試験で訓練を積んできたはずの技術だと思います。しかし旧司法試験から新司法試験に移行してからは，法解釈も問われているものの，規範にあてはめる能力がより重視された試験問題がつくられているようです。論証（法解釈の論述）についてはほとんど書かない答案も多くなっているときます。ということは逆に新司法試験に合格され法曹になった方は要注意です。

　条文は法律家のみなもとです。論理的な文章は，法律家でなくても書けます。しかし法律家の文章には，条文に立脚して論じている点で，高度な論理性があります。いわゆる**「解釈論」**と呼ばれるものです。自分の意見や価値判断，考え方をただ自由に論じるというものではなく，既存の法律の条文の解釈を通じて行うことに高度な技術が必要になります。とりわけ裁判官はこの能力にたけているといえます。

　最終的には法解釈は裁判官が行います。しかし裁判官に提示するお膳立ては，できる限り正確に明確にしておくことが重要です。条文の条数，項数，号数，前段後段の別，本文とただし書きの別（「109条2項前段本文」といった記載のことです）がきちんと指摘されている文章は，法律家らしい文章です。読み手である裁判官にも，具体的な問題点が伝わるはずです。

その論点（争点）が未知のものである場合にも，どの条文のどの規定が問題になるのかを具体的に検討します。そして具体的な文言までかぎかっこを使って引用し，指摘をします。ここまで行えるようになるためには，条文の徹底した読み込みと，**勇気をもって条項数等および文言を指摘する力**が必要になります。ここで裏が取れないことには書けない（体系書や論文などに載っていないことは書けない）というスタンスの方は，未知の法解釈の論点に対応がしにくくなります。**考え抜いて「この条文のこの文言が問題になります」ということを具体的に指摘することがポイント**になります。

　そもそも未知の論点の場合には，先例もない以上，当事者も裁判所も試行錯誤しながら検証をすることになります。そこでは体系書や判例などではいまだ論じられていない解釈を論じることが必要になります。条文の徹底した読み込みと論理操作（×条×項の「××」という文言を○○と解すればAになり，△△と解すればBになるといった条文操作）を自分のあたまで行い，そのうえでなにが問題なのかを明らかにします。これはひとことでいえば，**自分のあたまをフル回転して考え抜き，それを文章に表現する勇気の問題**といえます。

　準備書面は1回提出して終わりではありません。それに対する相手方の反論や裁判官からの求釈明などで新たな側面が指摘されたり，やや問題点がずれていることが発覚したときには，修正をすればよいことになります。特に税法の解釈などでは，単に法律の条文だけでなく，施行令や措置法との兼ね合いで解釈論をしなければならないこともあります。**法律の条文の解釈としては筋が通っているけれども，施行令や措置法との整合性が問題になるという場面もあります。**

こういった点は議論を交わすなかで（お互いに反論をするなかで）明確になるものです。最初からすべてをフォローできていなくても必ずしも問題ではありません。勇気をもつことが重要です。

【大阪地裁平成20年7月24日判決・判タ1295号216頁における原告の主張】
　「所得税法161条各号において国内源泉所得として損害賠償金を掲げる明文規定は存在しない。また，国内源泉所得に係る源泉徴収義務を定めた所得税法212条1項は，「非居住者に対し国内において第161条第1号の2から第12号まで（国内源泉所得）に掲げる国内源泉所得…の支払をする者」に源泉徴収義務を課し，同義務の対象となる国内源泉所得から所得税法161条1号を除外している。同号は，「国内において行う事業から生じ，又は国内にある資産の運用，保有，若しくは譲渡により生ずる所得（次号から第12号までに該当するものを除く。）その他その源泉が国内にある所得として政令で定めるもの」が国内源泉所得に該当することを定めた，国内源泉所得に関するいわば包括規定であり，本号に該当する所得については，申告納税方式が採用されている。そして，これを受けた所得税法施行令281条は，「法第161条第1号（国内源泉所得）に規定する政令で定める所得」として，「国内において行う業務又は国内にある資産に関し受ける保証金，補償金又は損害賠償金（これらに類するものを含む。）に係る所得」を掲げている（同施行令281条1号）。したがって，所得税法及び同法施行令は，損害賠償金を，利子とは別個のものとし，区別して取り扱っているものと解すべき

である。」（強調および傍点は筆者が記載）

注）上記は納税者（原告）が全面勝訴（処分の全部取消し）判決を獲得した事件における判決文に記載されている「当事者の主張（原告の主張）」の抜粋です。筆者が原告代理人を担当した事件で，実際には上記内容をわかりやすく準備書面で説明をすることを心がけました。上記は判決がまとめた「当事者の主張」の要旨です。これだけではわかりにくいと思います。ここで知っていただきたいのは，法解釈の争いでは，他の条文や施行令にも触れながら議論を展開する必要があるという点です。

50 根拠となる判例が示されている

　法解釈が争点になっている場合に限りません。ある結論を導くにあたり参考になる（あるいは直接適用されると考えられる）判例がある場合には，それを摘示することも重要です。司法試験でだれもが覚えるようなごく基本中の基本の最高裁判例であればともかく，実務で登場するさまざまな分野においては，法律家であればだれもが知っているわけではないけれども，その案件（分野）では重要な判例がごろごろあります。

　こうした判例をまずもって知っておかなければなりません。知らなければ徹底してリサーチをする必要があります。特に新しい分野では日々新しい判例が生まれています。最高裁判決であれば毎日，ニュースをチェックしていれば，知ることができるものが多いかもしれません。しかし報道されずにひっそりと登場する最高裁判決もあります。

　下級審の裁判例になると，毎日のように新たな裁判例が誕生しています。税務判例ではTAINS（一般社団法人日税連税法データベース）など税務判決をリサーチし入手できるシステムがあり，ニュースPro（株式会社ロータス21）など最新判例（裁判例）を専門に報道している情報コンテンツもあります。それでも，もれがでてきます。そこであらゆる専門誌などを調べて，その案件に関連する（参考になる）判例・裁判例をチェックすることが重要になります（特に裁判所ホームページに登載される新しい判例は，裁判所が選んだものである点で重要度が高いため，情報源としておさえておきたいところです）。

　そのうえで，その判例を裁判所に提出する書面に正確に記載することです。判例については単に裁判所と年月日だけで特定するのではなく，公刊物の出典も明記するのが通常です。係属部の裁判官に情報提供をす

る意味もあります。裁判官がチェックをした裁判例と同じ事件かどうかを知ることができるようにするためにも，出典の明記は必要です。

最近では最高裁判決がでたその日のうちに裁判所ホームページに判決文がアップされるようになりました。まだ未公刊であるものの裁判所ホームページに登載されている場合には「裁判所ホームページ登載」などと記載することも重要です。また公刊物への登載がない場合には「公刊物未登載」「未登載」などと記載をします。

通常の一般民事事件の場合には判例の摘示が重要になるものはまだ少ないかもしれません（それでも最新の最高裁判決などがある場合には，やはり摘示が必要になってくるでしょう）。そのことによって射程内なのか射程外なのかが争点になる場合もあります。

特に上告受理申立てをする場合には上告受理申立ての理由である「法令の解釈に関する重要な事項を含む」事件であるかどうか，「原判決に最高裁判所の判例（これがない場合にあっては，大審院又は上告裁判所若しくは控訴裁判所である高等裁判所の判例）と相反する判断がある事件」かどうかを正確に指摘する必要があります（民事訴訟法318条1項参照）。このうち後者が判例の指摘にあたるものです。

この点について「上告受理申立て理由書の提出について」（東京高等裁判所）には，「裁判所名，事件番号，裁判の年月日及び掲載されている判例集の巻・号・頁を明らかにするなどして，その判例を具体的に示してください。」という要請が記載されています。これは上告審における要請ではありますが，下級審で判例を摘示する場合でも同様に考えたほうがよいでしょう。

51 2回目に登場したときには「上述のとおり」を入れている

　論理的な文章といえるためには，ロジックが成り立っていることが重要です。**ロジックというのは，積み重ねです。**ひとつひとつの要素を積み木のように1段，1段重ね上げることで論理の体系が完成します。
　そこで，形式的なことではあるのですが，すでに書いた内容に再度触れる場合には，**「上述のとおり」「前述のとおり」「上記のとおり」「前記のとおり」**といった語を用いて，その旨を示すことが重要です。

　判決文などを読んでいると，すでに論じたことについて再度同じように論じることはなく，「上記のとおり」「前記のとおり」といった語でつないでいます。**このつなぎは読み手の側にいるとなにげなく読む程度です。これが，書く側になると工夫と労力が必要になります。**
　ある程度の分量の書面になると，まえにどこでなにを書いたのかが自分でもわからなくなることがあるからです。ここでページを繰り，まえのどこのページで論じていたか（あるいは論じていなかったか）をたどる作業はなかなかめんどうです。しかしその手間を惜しまずにページをひもとき，何頁でどのように書いていたか（あるいはまだ書いていないことだったのか）といったことを探る必要があります。**その努力の結果が「上述のとおり」**です。
　読む側は，最初から最後まで一挙に書面を読むことが多いと思います。これに対して書く側は，いろいろな仕事の合間をぬって，少しずつ書き上げていくことが多いと思います。ここで**書き手のタイムラグ**（同一書面における時間間隔）が生じます。**原案を書くときはバラバラでもよいですが，提出する書面として完成させる段階では，最初から最後まで一**

挙に読み直すことが重要です。そのときに，重複箇所がないか（推敲してみると，同じことを別のページで論じていることは意外と多いものです），すでに書いてあることについては「前述のとおり」などを使い，さらりと書けているかなどをチェックします。「前述のとおり」と書いたとしても，ここでもう1度まとめようと考え出すことで失敗することもあります。結局同じことを再度論じてしまう可能性があるからです。「前述のとおり」「上述のとおり」を使うときには，改めて同じことを議論しないように気をつけることが大切です。

　もっとも同じことを意図的にくりかえし論じる方法もあります。いわゆる「すりこみ効果」をねらった書面スタイルです。ある程度の分量がある書面になった場合にはキーワードをくりかえすように，論述そのものもくりかえすという手法があります。それによって最も伝えたい点を読み手の印象に強く残すことができます。しかしこれは上手にバランスよくやる必要があります。特に，それほど重要でもないことを何度も論じているようだと論理性が低下しますので，注意が必要です。

　判決文ではあまりみかけませんが，裁判所に提出する書面の場合には，できる限り読み手の時間やてまをとることがないよう工夫することを心がけるべきです。そこで単に「前述のとおり」「上述のとおり」と書くだけでなく，該当頁まで指摘できるとよいです。「前述のとおりである（○頁ないし○頁）」「上述のとおりである（第1．2「××」参照）。」といったふうにです。こうしたインデックス的な工夫をすることで，読み手の負担を軽くするだけでなく，書面をきちんと読んでもらえる可能性を高めることができます。

【最高裁平成18年1月24日第三小法廷判決・判タ1203号108頁】

「仮にA社が保有するテレビC株式を配当還元方式により評価することに前記の課税上の弊害があるとすれば，前記のとおり，テレビCと事業の種類や収益の状況等において類似する法人がなかったというのであるから，同株式を類似業種比準方式により評価するのは相当でなく，法人税基本通達（平成12年課法2―7による改正前のもの）9―1―14（4）に基づき時価純資産価額方式により評価すべきことになる。この場合には，法人税額等相当額を控除することが通常の取引における当事者の合理的意思に合致しないものであるかどうか，ひいては，前記の課税上の弊害があるかどうかを判断するために，前記の上告人又はその主要株主と上告人の子会社との間におけるテレビC株式の各売買からうかがわれる関係者の同株式の価額についての認識等を審理すべきである。〔強調は筆者〕」

注）「前記の」「前記のとおり」といった言葉で，すでに出てきた事項の確認がなされています。判決理由においては該当ページの指摘はされないことがほとんどですが，準備書面などでは，どのページのどの箇所で述べられているのかについても記載したほうが読みやすい場合もあります（ページがかなり飛んでいる場合など）。

52 法解釈と事実認定が区別されている

　読み手の思考モデルに沿った論述が好ましいことは，すでにお話ししました（「46　裁判官の思考パターンにのっとっている」）。読み手である裁判官の思考モデルは「大前提」に「小前提」をあてはめること，「大前提」は法解釈であり，「小前提」は事実認定でした。

　裁判所に提出する書面でも，「大前提」である法解釈と，「小前提」である事実認定は，分けて論じることが必要です。いっしょくたにすると，法律論ではないと思われるおそれがあります。法解釈と事実認定の双方に争いがある場合，項立てを分け，明確に区別して論じます。

　裁判官の思考モデルは，裁判所の判決スタイルをみると体得できます。現在の判決の多くは，次の事項を論じていくものが多いと思います。

> ① 事案の概要
> ② 法令等の定め
> ③ 当事者の主張
> ④ 争いのない事実（前提事実）
> ⑤ 争点に対する判断
> ⑥ 結　論

　判決文に限らず，判例の評釈や論文などでも同様の事項が項目として挙げられることが多いです。絶対的なものではありません（次頁以降で紹介する例①〜③「事実及び理由の項目」を参照）。しかしこうした思考パターンに沿って裁判官が判決を書くことは，忘れないようにしましょう。

裁判所に提出する書面を書くのにあなたが苦心するように，裁判官も和解で終わるなどしない限りは判決書を作成しなければならない立場にあるからです。判決を書くことを業務とする裁判官は，おそらく準備書面などを読むときでも，書くときと同じプロセスで思考するのだと思います。

　読み手の思考プロセスを知り尽くしておくことは非常に重要なことです。以下，判決文に記載されていた検討項目の抜粋を3例挙げておきます。

【例①：東京地裁平成15年8月26日判決・判例タイムズ1129号285頁「事実及び理由」の項目】
第1　請求
第2　事案の概要
　1　法令の定め等
　2　前提となる事実
　3　被告による本件各更正処分等の適法性の根拠
　4　当事者の主張
　5　争点
第3　争点に対する判断

【例②：名古屋地裁平成16年10月28日判決・判例タイムズ1204号224頁「事実及び理由」の項目】
第1　原告らの請求

第2　事案の概要^(注)
　1　前提事実
　　（1）課税の経緯
　　（2）本件各事業の概要
　　（3）関連法令及び通達の抜粋
　2　本件の争点
　3　争点に関する当事者の主張
第3　当裁判所の判断

注）（注）「第2　事案の概要」のなかで「1　前提事実」や「（3）関連法令及び通達の抜粋」が記載されています。

【例③：東京地裁平成19年1月31日判決・裁判所ホームページ「事実及び理由」の項目】
第1　請　求
第2　事案の概要
　1　前提事実
　2　被告が主張する原告の法人税額等
　3　争　点
　4　当事者の主張の要旨
第3　争点に対する判断

注）例①や例②と異なり，法令の定めについての項目はありません。

53 規範とあてはめが区別されている

　読み手である裁判官の思考プロセスに沿った文章の書き方（「46　裁判官の思考パターンにのっとっている」）のひとつとして，「大前提」である法解釈と「小前提」である事実認定を分けて書くべきことをお話ししました（「52　法解釈と事実認定が区別されている」）。

　同様に裁判官の思考プロセスからすれば，規範とあてはめも明確に分けて書くことが重要です。このあたりについては司法試験の論文試験で訓練をするはずです。特に新司法試験では規範を定立し，それにあてはめることが強く求められています。法曹になって間もない方でも，十分なトレーニングが積まれているはずの技術といえます。

　とはいえ，忙しい実務のなかで文章を書いていると，規範とあてはめを分けることがめんどうになることがあります。細かい論点で大きな争いがあるものではない論点であれば，ショート・バージョンで簡潔に書いたほうが読みやすい場合もあります。

　しかし規範とあてはめを書くべき場面というのは，そもそも条文そのものからは要件がはっきりしない場合がほとんどだと思います。条文の文言を読むだけでは要件がはっきりしないので，その条文の読み方が争いになり法解釈が行われます。その解釈論について司法的判断が示されたもの，それが最高裁判決の規範です。規範を書くことは法解釈の結論を示すことであり，「大前提」の結論を示すことにあたります。

　そして，あてはめを行うことは，「大前提」の結論である法解釈に，「小前提」の結論である認定された事実を適用することです。いわば「大前提」と「小前提」の橋わたし（統合）をする部分です。だからこそ，法技術として重要なのです。実務的な技術の習得の要請が高い新司法試

験の論文試験でもあてはめが重視されているのは，こういう理由からだと考えられます。規範とあてはめを分けることそのものは，意識すればだれでもできます。ごく基本的なことです。しかしその背後にはこうしたダイナミズムがあることも，忘れないことです。意識できれば，裁判官の思考プロセスに近いかたちで，規範とあてはめを論じることができるようになります。

規範とあてはめをするにあたり論じやすいパターンは，判例で示された（あるいは自ら法解釈をして示した）規範の要素を分解して番号をふり（①…，②…，③…というふうに），あてはめのところで規範の分解要素（①…，②…，③…）についてひとつひとつ論じる方法です。それぞれ項立てを変えたり，ナンバリングを変えることで，ぱっとみてすぐに，どこでなにを論じているかがわかる書面になります。

【福岡高裁平成20年10月21日判決・判タ1294号98頁】
　「…納税者に不利益な遡及適用に合理性があって，憲法84条の趣旨に反しないものといえるかは，①遡及の程度（法的安定性の侵害の程度），②遡及適用の必要性，③予測可能性の有無，程度，④遡及適用による実体的不利益の程度，⑤代償的措置の有無，内容等を総合的に勘案して判断されるべきである（財産権の遡及的制約に関する最高裁昭和53年7月12日大法廷判決・民集32巻5号946頁参照（注1））。

3　本件改正法についての具体的検討（注2）

(1) ア ①遡及の程度，法的安定性の侵害の程度
　　　（略）
　　イ ②遡及適用の必要性
　　　（略）
　　ウ ③予測可能性の有無，程度
　　　（略）
　　エ ④遡及適用による実体的不利益の程度
　　　（略）
　　オ ⑤代償的措置の有無，内容
　　　（略）
(2) 以上の検討によれば，本件改正法は，①期間税について，暦年途中の法改正によってその暦年における行為に改正法を遡及適用するものであって，既に成立した納税義務の内容を不利益に変更する場合と比較して，遡及の程度は限定されており，予測可能性や法的安定性を大きく侵害するものではなく，②土地建物等の長期譲渡所得における損益通算の廃止は，分離課税の対象となる土地建物等の譲渡所得の課税において，利益が生じた場合には比例税率の分離課税とされ，損失が生じた場合には総合課税の対象となる他の所得の金額から控除することができるという不均衡な制度を改めるものであり，税率の引下げ及び長期譲渡所得の特別控除の廃止と一体として実施することにより，土地市場における使用収益に応じた適切な価格形成の実現による土地市場の活性化，土地価格の安定化を政策目的とするものであって，この目的を達成するためには，損益通算目的の駆け込み的な不動産売却を防止する必要があるし，年度

途中からの実施は徴税の混乱を招く等のおそれもあるから、遡及適用の必要性は高く、③本件改正の内容について国民が知り得た時期は本件改正が適用される2週間前であり、その周知の程度には限界があったことは否定できないものの、ある程度の周知はされており、本件改正が納税者において予測可能性が全くなかったとはいえず、④納税者に与える経済的不利益の程度は少なくないにしても、⑤居住用財産の買換え等について合理的な代償措置が一定程度講じられており、これらの事情を総合的に勘案すると、本件改正法の成立前である平成16年1月1日以後の土地建物等の譲渡について新措置法31条を適用する本件改正附則27条1項は、憲法84条の趣旨に反するものとはいえないというべきである。したがって、本件改正附則27条1項が違憲無効であるとはいえない。

注）(注1）で規範が定立されています。番号がふられて規範の要素（要件）が示されています。(注2）「3　本件改正法についての具体的検討」であてはめが書かれています。規範とあてはめが項立ても含めて分けて書かれています。(注2）のあてはめでは、規範で定立した①ないし⑤の要件について、3（1）で、ひとつひとつタイトルにも要件を示しながら論じられています。なお、3（2）では同じく①ないし⑤の番号がふられている点でわかりやすいですが、他方で1文が長くなっています。裁判所に提出する準備書面などを書くときには、要件ごとに改行をするなどして、1文を短くしたほうが読みやすくなります。

54 形式面と実質面の双方から主張が展開されている

　多面的な角度から光をあて，検証をした過程を書くと，論理性が高まります。法律の解釈論の多くは「二項対立」で分析することができます。
　たとえば，民法の財産法（特に債権法）における論点の多くは「取引の安全（動的安全）の保護」と「真の所有者（静的安全）の保護」のどちらをとるかという「二項対立」です。不法行為法における論点の多くは「被害者の救済」と「損害の公平な分担」のどちらを重視するかという「二項対立」で成り立っています。刑法は，刑法の目的であり機能である「法益保護」を重視するのか，「自由保障（人権保障）」を重視するのかという「二項対立」でほとんどの論点が成り立っています。

　このように極端な２つの相反する見解をモデルに対立点を探ると，法律論はわかりやすくなり，深みを帯びてきます。 細かい議論も大事ですが根本的な対立点にさかのぼると，たいがいは法が目的としている原理原則にぶつかることが多いからです。そして**解釈論のほとんどは，その原理原則を徹底して守るのか，それとも事案に応じて柔軟に修正していくのかの戦いである**ことがわかります。

　さきほどの民法（債権法）の対立点でいえば，契約は当事者の自由であるという「契約自由の原則」をどこまで徹底するかという問題ととらえることができます。
　刑法の対立点でいえば，犯罪と刑罰はあらかじめ法律で定めなければならず，法律に定められていないものは犯罪として処罰してはならないとする「罪刑法定主義」という大原則にぶつかります。この原則を貫く

のか，あるいは法益保護機能を重視して，許される範囲内で解釈論を展開し，犯罪として処罰できるような解釈をするのかという問題になります。

　こうして論理的な厚みを文章にかもしだすための技法として「二項対立」の視点が登場します。「二項対立」というとおおげさにきこえるかもしれません。しかし文章技術という観点からすると，片面的な論述ではなく，多面的な論証をするということです。多面的といっても，光のあてかたが多すぎるとかえって議論が混乱します。

　まずは2つに分けて論じることを原則としたほうがよいです。2つに分けて論じる，あるいは2つの観点から論じる。こうすることで論理的な文章にみせることができます（拙著『もっと論理的な文章を書く』〔実務教育出版，2011年〕参照）。

　2つに分けて論じるパターンにはさまざまなものがあります。

　法律論としてよく使うものは，次の4つです。①形式論と実質論，②必要性と許容性，③原則論と例外論，④客観論と主観論，この4つです（この54項から「57　客観面と主観面を区別して主張が展開されている」で個別に解説します）。

　これらの視点は司法試験の論文試験でもトレーニングされることです。意識をすることができれば，それほどむずかしいことではありません。本書では簡潔に解説するにとどめます（詳細を知りたい方は前掲『もっと論理的な文章を書く』や木山泰嗣『究極の思考術』〔法学書院，2009年〕をお読みください）。

　形式論と実質論（①）については，「たしかに，形式的には××である。

しかし，実質的には……」というふうに展開するパターンがあります。形式論は多くは原則論（③）にも通じていますし，法的安定性や画一性が求められる法分野においては基本的に守られるべき考え方です。

　しかし解釈論が必要になる場面では，それを貫くことの不都合性が生じている場合がほとんどです。その不都合性（常識的にみておかしい，あるいはある当事者があまりにもかわいそうといった状況）を克服するための視点が「必要性と許容性」（②）にもなります。

55 必要性と許容性の双方から主張が展開されている

「二項対立」の4パターンの2つ目は**「必要性と許容性」**の視点です。一般の方には「許容性」という言葉になじみがありません。そこで拙著『もっと論理的な文章を書く』〔実務教育出版，2011年〕では，**日常用語で使う許容範囲（ストライクゾーンではないけれども，ここまでなら許せるという範囲）内かどうか**だという説明をしました。法律家は司法試験でくりかえし登場する論点で「必要性と許容性」トレーニングを積まれているはずです。ここではあえてその内容を解説することはしません。

基本的なことのおさらいになりますが，次にお話しする原則論（③）を貫くことが，形式を重視する法律の考え方からは重要になります。

成文法という言葉で明確にあらわされた条文が存在しているのは，そこにかちりとした形式を整備することになります。**法治国家では明文化されたルールがあり，それを守ることが社会の要請である以上，形式はなによりもまず重要**です。

特に人権侵害や財産権の制約を定めている刑法・刑事訴訟法，租税法の分野では法形式の遵守が強く要請されています。これが罪刑法定主義であり租税法律主義です。この意味で，形式的に導かれる原則論は，まずもって厳守されるべきことだといえます（それが法的安定性の要請を満たすことにもつながります）。

しかし他方で，条文や法律が本来考えてもいなかったような新しい社会現象や事象・取引に対して対応をせまられる場面も少なからずでてきます。今日においては犯罪もハイテク化が進んでいますし，租税の分野でも新しい金融商品など条文が想定していなかったさまざまな取引類型

が登場しています。

　こうした事象について当該法律（当該条文）がどのような対応をすべきか。この帰結を示すことをせまられるのが裁判所であり，判例です。

　こうして解釈論の必要性が生じます。これをなまの言葉で丁寧に論じることが必要性の議論です。これに対して，法解釈をするということは，ある程度の限定なり（限定解釈），拡張なり（類推解釈ないし許される拡張解釈）をする可能性があるということです。

　そこで，文言そのものからは明確には読み取れないけれども，どのように読み込むべきかという解釈論を展開するにあたっては，あくまで当該法律ないし当該条文の枠内におさまっています，ということを論じる必要があります。これが許容性の議論です。

　後述する原則論に対する「例外論」を展開する際には，特にこの「許容性」の議論が重要になります。

　「例外的にこういう場合には，原則を修正することにはなります。しかし一般的に拡大するものではないですし，きわめて例外的な場合に限ってのことです。それだけでなく法が求めている大原則にも趣旨から考えると反していません。よって法の許容する範囲内です」ということを説得的に伝えることになります。

56 原則論と例外論を区別して主張が展開されている

　二項対立の4パターンの3つ目の視点は「**原則論と例外論**」です。厳密に考えると必ずしも，2つのベクトルが対立しているといえるわけではないかもしれません。「原則」を堅持するというベクトルと，「例外」も許容するというベクトルの対立だと考えると，対立を示す視点ということができます。

　すでにお話した「必要性と許容性」の視点（「55　必要性と許容性の双方から主張が展開されている」）と密接に関係してくるのでワンセットでおさえると使い勝手がよくなる技術です。

　論ずるパターンとしては，**①原則論→②原則論を貫くことの不都合性（＝原則論を修正し例外論を展開する「必要性」）→③原則論を修正し例外論を展開する「許容性」という順序で論じると，論理を示すことができます。**多くの法律論ないし解釈論はこうした枠組み（思考パターン）で論じられることが多いのです。

　大事なことは文章を書くときに，原則論と例外論をきちんと分けることです。**あたまのなかではわかっていたとしても，文章としてきちんと整理されていないと，読み手にはそれが伝わりません。**基本に忠実にパターンに沿って文章を書くことは，思考モデル（法的思考）をもっていることを読み手に暗に伝えることになります。

　それは読み手である裁判官に対して，きちんとした書き手であることを伝える技術です。得意でない方は，おおげさになるくらいに分けて書くことが重要です。得意な方でも，基本を忘れないように文章作成につとめることです。

57 客観面と主観面を区別して主張が展開されている

　二項対立の4パターンの最後の視点は「**客観論と主観論**」です。刑法を例に考えるとわかりやすいと思います。刑法では学説の対立が激しく、さまざまな考え方があります。大きく分けると「行為無価値論」と「結果無価値論」の対立があり、価値の対立が激しい分野です。

　刑法においては「客観主義」と「主観主義」の対立もあるといわれています。行為を客観的に観察してその客観的にみてとれる部分に処罰の根拠を置くのか、それとも行為を行った者の主観に悪質性をみいだし処罰をすべきと考えるのかといった対立です。いずれにしても刑法では犯罪が成立するために「故意」が必要であり、目的犯においては主観的な「目的」も構成要件になっています。そこで、行為は主観と客観の統合体であるなどと説明されることがあります。

　わたしたち人間の行為・行動はすべて主観と客観が統合されています。最初に思考（主観）があり、それが行動（客観）に発現するという考えが、心理学的にも一般的な考え方のようです。

　重要なことは、客観面と主観面をいっしょくたにしないで、明確に分けることです。上記のとおり**行為はもともと主観と客観の統合体なのですが、そうした行動を法律は分析的にとらえ「客観面」と「主観面」の双方に分けて議論をすることが多いです**。その際にこれを明確に分けないで論じてしまうと、わかっていないと思われてしまいます。特に事実認定に関する主張を行う際に重要です。行為の外形からみてとれる客観的事実をまずとらえること、そしてそこから推認される主観面をみる（あるいは当事者の真の認識を主張する）という区分けが必要です。

第4章
読み手の心を動かす文章を書く技術

　本章では，「読み手の心が動く」文章を書くために必要な，具体的な技術を明らかにする。
　全部で6の技術がある。読み手である裁判官の心を動かすことはたやすい作業ではない。ここで学ぶべき技術は，他人の心を動かそうと考える邪道ではない。「人はどういうときに心が動くのだろう？」という純粋な探究心を深め，社会心理学的な思考をもつことである。

58 身近な問題として感じられる工夫がされている

　法律の世界にどっぷりとつかっていると，忘れてしまうことがあります。それは「みなが専門家ではない」ということです。法律家は司法試験の勉強をはじめたころから，日常的にも同志との付き合いが多くなり，法律論ばかり戦わせるようになります。法律の話ではないときでも「無権代理だね」「錯誤だよ」などと法律用語を使うようになります。

　専門家になるためには，専門用語を日常的にどのような場面でも使えるくらいにトレーニングを積む必要があります。法律を勉強している仲間同士ではわるいことではありません。しかしこれを法律家でない人にもやってしまいがちなのが法律家です。実際には法律家が偉いというわけではなく，純粋にひとつの専門分野としてあるだけなのに，平気で法律用語を使ってしまう。法曹のさがです。

　まったく専門外の医療用語や理工系の話を専門家からきかされたときに初めて気づくのかもしれません。わかりやすい専門家とそうではない専門家を分けるのは「身近な問題におきかえて説明ができるか」だと思います。

　ビジネス書や一般書などを読んでいると，自分の専門外の分野の本なのに，読みやすく理解できるものがあります。本のつくり手が，一般の読者にあわせて平易な言葉を用い，また専門用語を使うとしても最小限にとどめているからです。専門用語を使わざるを得ない場面でも，だれでも身近に感じられる話題におきかえて説明がされていたりします。

　裁判所に提出する書面でも，裁判官にとって身近に感じられるよう，説明の仕方を工夫することです。

59 当事者がいかにひどい目にあったのかがリアルに伝わってくる

　裁判所に訴える事件はほとんどがトラブルです。そしてトラブルのほとんどは日常生活で解決されています。裁判の仕事にたずさわっていると訴訟に慣れてきますが、一般の方にとっては、「裁判」という言葉をきいただけで冷や汗が流れ、足がすくんでしまうものです。裁判は、非日常でおそろしいものなのです。

　裁判官はそうしたトラブルがこじれにこじれた事案ばかりみています。訴訟になるのはよほどの事件だからです。しかし弁護士などの法律家が裁判慣れするように、裁判官も多数の訴訟案件をみています。裁判官は弁護士以上にトラブルをみることが日常の仕事になっています。刑事裁判官にとっては人が殺されたり強盗にあったりすることは日常です。民事裁判官にとっても交通事故で尊い命が奪われるのは日常になっています。そういった事件を常にみています。

　ここで大事なことは「人は日常では心を動かされない」ということです。その人にとって非日常といえるシーンに遭遇したときに心が動きます。当事者はたいへんな目にあったからこそ裁判を起こします。代理人も依頼者がひどい目にあいかわいそうだと思うからこそ依頼を受けるのだと思います。**しかしその事件を担当する裁判官にとっては、事件が淡々と語られている限りはごく日常の仕事の範囲内でしかありません。そこに心が動く要素は少ないでしょう。**

　これが「おや、これは他の事件とは違うぞ」と思わせる事情にでくわすと、裁判官も力の入れ方が変わるはずです。立ち止まって考えてもらうためには、当事者がいかにひどい目にあったかをリアルに伝えることが必要です。

60 憲法の理念や原理原則が踏みにじられる危険が書かれている

　「原則論と例外論」という視点があること、あくまで原則論が重要であるというお話をしました（「56　原則論と例外論を区別して主張が展開されている」）。そして、例外論を展開する場合には、原則論をつらぬくことによって生じる不都合性を指摘したうえで（原則論を修正する必要性）、例外論をとることができる許容性を論じなければならないといいました（「55　必要性と許容性の双方から主張が展開されている」）。それだけ原則論というものは重視されるべきものです。

　他方で形式論も重要です（この点については「54　形式面と実質面の双方から主張が展開されている」でお話ししました）。しかし形式論については、あくまで法律が条文で定めた形式を遵守するという議論なので、立法趣旨からみておかしいことが生じてしまう場合もでてきます。

　とりわけ形式論を修正するときにポイントになるのは、条文の立法趣旨を超え、さらにその背後に存在している原理原則への論及です。**原理原則はなによりもその法律が大事にしている考え方で、多くは歴史的背景をもっています。その原理原則が踏みにじられることが起きた場合には、いくら立法の形式だといっても、それは解釈で救済すべきだ**という流れに裁判官の心も動く可能性があります。

　日本に存在する法令の頂点にあるのは日本国憲法です。**近年の租税判例では、憲法84条が定めている租税法律主義の見地から個別の税法条文の解釈を行うものが増えています**。裁判官も「憲法が定めている原理原則を踏みにじるような解釈は回避したい」という心理が働くのだと思います。憲法の理念や原理原則が踏みにじられる危険があることを指摘することで、形式論にとらわれない解釈を促す方法です。

61 形式的な法律論が常識論に反することが示されている

　憲法の理念や原理原則を踏みにじるとまではいえないケースもあるかもしれません。そのときに強調すべきは「常識的感覚との乖離」です。

　「常識的に考えるとこのような形式論はおかしい」ということが明確になると，裁判官の心理にプレッシャーが生じる可能性があります。**裁判官がよって立つべき基盤は「国民の信頼」にあるからです。**

　周知のとおり，少数者の人権を保障し，法の支配を貫徹する役割が期待される裁判官は「国民の信頼」によって成り立っていると憲法学では説明されています。民主的プロセスが弱い裁判官は，あくまで主権者である国民からの信頼を得ているからこそ，判断に権威が認められると考えられています。**この原理を考えれば，裁判官には独立原則があるといっても，国民の常識的感覚に明らかに違反するような判決をだすことには，一定程度のためらいを感じるはずです。**

　しかし常識がなにかというと，明文があるわけではありません。言葉で表現することは容易ではありません。正義はひとつではないことを考えると，なにが常識なのかは当事者の論理次第にも思えます。こうして当事者の主張は基本的に信用性が低いとされ，客観証拠や第三者の証言などに重きがおかれます。そこで「国民の常識」を上手にアピールする方法もあります。

　ひとつは目にみえない常識感覚や国民大多数の考えが反映したものを使うことです。世論という言葉であらわされるものです。新聞やマスコミは世論調査というものを実施し公開しています。新聞報道や社説に書かれていることも，国民の常識的感覚を代弁していることが多いです。常識論を裁判所に伝える工夫をしましょう。

62 権威（学説・最高裁判決）が的確に示されている

「そのような解釈をすると憲法の理念や原理原則が踏みにじられてしまいます」（「60　憲法の理念や原理原則が踏みにじられる危険が書かれている」），「国民の常識感覚からはおかしいです」（「61　形式的な法律論が常識論に反することが示されている」）といったことを指摘することで，裁判官の心理に影響を与えることができるかもしれません。

しかし裁判官が最も重視するのは，やはり最高裁判決です。最高裁判決を批判し判例変更をせまる場合や，判例がない場合には，学説の状況を伝えることも重要です。独自の見解ではないことを伝えるためです。

最高裁判決については，的確な判例をリサーチすることが重要です。そして，該当判例を裁判所名，判決年月日，公刊物などで正確に特定したうえで，その事件にその判例のどの判示がどのように関係するのかをきちんと書きます。こうすることで射程内である最高裁判決の支えがあることを裁判官に伝えることができます。そうなれば裁判官も「最高もいっているのだから」ということで，自信をもって判決を書いてくれるはずです。

最高裁判決がない場合や，最高裁判決と異なる見解を主張する場合には，学者などの専門家から支持されている見解であることを示すことが重要です。専門家から意見書をいただき提出することもあると思います。文章技術の観点からいうと，意見書であっても，既刊の文献であっても，①だれが（どの大学でなにを専門にしているどのような肩書きの人が（必要に応じ経歴も）），②どのような論点について，③どのような考えを示しているのか，④それが本件にどのように関係しているのかなどをわかりやすく論じることが重要です。

63 統計データ・数字が示されている

　国民感覚（常識）のほかにも，法律論を離れて説得できる根拠となるのが統計データや数字です。統計データについては独自のものよりも，官公庁やシンクタンクがホームページで公開しているものなどのほうが信用性が高く，裁判官の心に響きやすいと思います。

　統計データではないものでも，数字上の根拠を提示することで，説得力が増す場合があります。事実を立証するためには，文章のなかに数字を使うことで説得力が増す場合があるのです。

　数字は客観的なものだと考えられています。実際にはアンケートやグラフなど作成者の意図によって調整することが可能なものもあります。それでも文章で「○○は増えている」というだけでなく，「○○は増えている。××庁が公表している2010年度のデータによれば，3年前に比べ52％増の1,352件である。」というふうに数字を書いたほうが説得力が高まります。

　数字がほんとうであるかの検証は実際にされることがなくても，統計をとり公表した機関の一般的な信用性があれば，その数字はそういうものだと理解されます。大事なことは，①信用性のある機関が公表したデータを示すこと，②全体的な引用をすること（1年度だけであるとか，特定の項目だけであるとか恣意的な引用をしないこと）です。そのうえで重要な部分にマーカーで色をつけると読みやすくなります。

　全体を残すことで読み手の検証を可能にし，重要な部分に色をぬることで強調すべき部分も同時に伝えることができます。書面にデータをはりつけて「下記の表のとおり」といった記載をするとわかりやすいです。

第5章
訴訟で勝つための文章を書く技術

　本章では,「訴訟で勝つ」文章を書くために必要な,具体的な技術を明らかにする。

　全部で8の技術がある。これを書けば勝てるなどという安直な技術は存在していない。しかしやるべきことはやり尽くしたはずなのに,勝てない…というときに参考になる視点（公平かなど）を知っていただく。

64 判決に書くべき素材を十分に提供している

　裁判官の思考プロセスを意識して文章を書くことで裁判官の心になじむ書面になるということをお話ししました（「46　裁判官の思考パターンにのっとっている」）。裁判官の思考プロセスというのは，判決の主文（結論）に至る過程（プロセス）に沿ったものでした。これによって，裁判官が書面を読みながら考えるであろうポイントに触れた主張内容を組み立てることが可能になります。

　しかしそれだけではまだ足りません。**勝訴判決を確実にもらうためには，裁判官が実際に書くであろう判決文をイメージすることが重要**です。もちろん最終的に言い渡される判決文の多くは，やはり裁判官の個性を反映したものになることが多いです。そういった観点があったかと，うならされる判決理由が示されることもあります。しかしそれはあくまで当事者が書面を通じて提出した資料が前提になっています。

　裁判所に書面を提出する側でできることは，裁判官が判決文のなかで自由に行える料理の素材を提供することです。裁くのは裁判官の仕事で，裁く材料を提供するのがあなたの仕事です。

　当事者の立場だけだと，弱い部分には目をつむり，相手の揚げ足とりばかりしてしまいます。しかし裁判所の立場に立てば，「どちらもくだらない言い争いばかりしていて，本質的なことは双方ともにでていないなあ」と思えることがあるかもしれません。

　大事なことは，裁判官が判決を書くための素材を提供することです。**裁判官の立場に立って，あなたが判決を書くとしたら，どんな主張が欲しいか，どんな事実が欲しいかという視点をもつことです**。

65 複雑な事案をわかりやすく伝えている

　複雑な事案を複雑に伝えることは，だれにでもできます。しかし複雑な事案を複雑に伝えている限り，読み手である裁判官にとっては「よくわからないめんどうな事件」という印象のままだと思います。もっとわかりやすく整理してもらえないだろうかともどかしく思いながら事件に対応することになるかもしれません。

　これに対して，複雑な事案を上手に整理することで「そうか，そういうことなのか。要するに××なのか」と思えるような書面を手に取った裁判官は，霧が晴れたようにすがすがしい気持ちになると思います。よくわからなかったものの本質がすっきり見えたときには，人はうれしくなって，さらにチャレンジしてみようという気持ちが生まれるものです。むずかしいことが理解できると，人は良い気分になるものだからです。もともと簡単なものを理解できても人はなんとも思いません。しかし難解なものを解けたと思った瞬間，人は爽快感に酔います。そうなると，それを自分のものと考え，その案件に力も入るものです。

　裁判官に読んでもらう書面を作成する立場のあなたにできることは，その素材を提供することです。どんなに複雑な事案でも，整理してわかりやすく伝えることは可能なはずです。取引関係が複雑であれば，取引関係図を作成することもできます。時系列が複雑なのであれば，年表のようにまとめることもできます。

　そのためにはあなたがその複雑な事案を理解できていることが大前提です。理解していないものを，わかりやすく伝えることなどできないからです。複雑で最初はよくわからなかったけれど，このポイントがわかってからすっきりした。そのポイントを伝えるのです。

66 最も重要なポイントを自然に伝えている

　複雑なものは複雑なままではなく，わかりやすくポイントを伝えるのがよいというお話をしました（「65　複雑な事案をわかりやすく伝えている」）。ポイントを伝えることは，どのような事案でも重要です。

　裁判官の思考プロセスについても，何度かお話ししました（「46　裁判官の思考パターンにのっとっている」「64　判決に書くべき素材を十分に提供している」など）。純粋な思考過程だけをみていても，みえてこないこともあります。それは，**裁判官の思考プロセスが「減らしていく作業」**だということです。「当事者はそれぞれいろいろなことをいい争っているけれども，結局は，**この1点が問題なのですよね」**という「そぎおとしの美学」を裁判官は好みます。

　争点を整理する作業をみるとわかります。当事者はあれもこれも争点だといいたくなります。しかし公平に法的な観点から審理をして結論を下す立場に立つと，多くの場合，真の争点というのは1つか2つくらいです。**最も重要なポイントである「この1点」はなんであるかをつきつめて考える**ことです。

　「この1点」を探求する作業は当事者的思考になっているとなかなか進みません。あれも問題だしこれも問題だし，…と問題ばかりつくってしまいがちです。しかし当事者としては，請求が認められればよいわけです（もちろん感情的な部分でいろいろなことがあるかもしれませんが，究極的には勝訴が最大の目的のはずです）。

　そのためにはなにを認めてもらう必要があるのか，なにが1番大事なのか，という視点をもつことです。そして，そのポイントをさらりと伝えるのです。

67 国民感情に反することが指摘されている

　形式論から導かれる結論が常識に反することが指摘されていると，裁判官の心が動く可能性があるというお話をしました（「61　形式的な法律論が常識論に反することが示されている」）。常識がなんであるかは漠としていますが，世論調査の結果や，社説などの報道記事が参考になることもお話ししました。

　国民の感覚をとらえるという点ではこの常識論とも似ていますが，「国民感情に反する」ことを指摘できることも重要になると思います。大きくいえば「国民の感覚」というひとくくりでまとめられます。しかしたとえそれが常識レベルまではいっていなかったとしても，その問題について感情を害する立場の国民が存在している事実があれば，問題の大きさが伝わります。裁判官としてもむげに冷たい法律論で終わらせることにはためらいを感じるはずです。

　感情論は法律論ではありません。裁判所では感情論はできる限り避けることが重要です。感情は裁判所が審査をする法律要件にはない要素だからです。しかし裁判がいかに要件事実をベースとしたパズルで成り立っているといっても，法解釈によって事件が決着をみるような場合には，解釈論そのものに価値判断が介在します。

　そのため「ものの考え方」も重要になります。「ものの考え方」は基本的には条文の趣旨や法の目的に沿うように考えるべきです。常識に合うように解釈すべきです。常識は，少数の人権保障を全うすることを責務としている裁判所にとっては，多数派であるかどうかは問いません。一部であっても著しく感情を害される国民が存在することが意味をなす場合もあります。それを上手に伝えることです。

68 公平ではないことが指摘されている

　常識的感覚や国民感情に反することを伝えるという方法をお話ししました（「61　形式的な法律論が常識論に反することが示されている」「67　国民感情に反することが指摘されている」）。それ以外の事情で，おそらく裁判所が検討する事情は「公平性」だと思います。

　憲法は14条１項で平等原則を定め平等権を保障しています。しかし実際には憲法訴訟をみればわかるように，この平等原則や平等権の侵害を理由に立法や行政庁の処分などが違憲であるとする判決は，まだまだ少ないのが現状です（最近では，一票の価値を争う選挙訴訟があり違憲判決も多くだされたことなどを考えると，ストレートに平等原則や平等権違反とする判決も増えていることは事実です）。

　これに対して，違憲か合憲かという直接的なアプローチではなく，公平かどうかという観点で判断がされる判決となると，とても多いように思います。それはまったく同じ状況にありながら，異なった取扱いがなされ，それによって正義公平に反するような事実がある場合には「法の支配」を体現する司法府として見逃すことはできないという考えが，裁判官にあるからだと思います。

　租税事件では特定の納税者が課税の減免を受けられる租税特別措置法の規定が平等原則に違反すると主張しても「合理的な区別取扱い」として棄却されるのが実情です。しかし「納税者間の公平」となると判決理由で触れられるものが多いです。たとえば，財産評価基本通達が定める時価算定の計算方法は，実務上画一的に適用されていることを理由に適用を排除するためには「納税者間の公平」の観点からみて「特別の事情」が必要だと判示するものが多いのです。

69 相手の立場では判決を書けないハードルが示されている

　ある争点について主張の攻防がある場合に，どちらの主張が正しいかという「純粋な正誤論」を展開すると，むずかしい場合があります。

　法律学の学説では，さまざまな論点で対立があります。同じ事案について，同じ条文を読み適用するという作業をするにあたっても，論者によって結論は異なるものがでてきます。それは法解釈についてさまざまな価値判断から，さまざまな見解が導かれるからです。法律学という学問は，こうした解釈の争いを主な対象にしています。

　これが判決になると，法律学で展開される解釈論を軸としながらも，実際に司法府としての明確な判断（結論）を示すことが求められます。

　下級審では裁判所によって異なる見解が示されることで，大きな論争になることもあります。しかしその場合でも最終的には最高裁が司法府としての統一的判断を下し，それがすべての学説から支持されるかどうかはともかく，裁判としては一応の決着をみることになるわけです。そして実務は最高裁判決に従って考えていかざるを得なくなります。

　裁判所でも見解が分かれるような法解釈が争点の事案では，「純粋な正誤論」をふりかざすことは困難です。こうした問題について自説を裁判所に採用してもらうためには，自説の良さ（妥当性）を書くことはもちろんですが，反対説の欠陥を指摘する方法もあります。

　相手方の主張の単なる批判ではなく，明らかな矛盾点や問題点を指摘することが重要です。それを上手に伝え「あちらの見解で判決を書くことはできませんよ」と裁判官に思ってもらえる工夫をすることです。

70 多くの人に支持されていることが示されている

　「国民の常識」や「権威（学説・最高裁判例）」でお話ししたこと（「61　形式的な法律論が常識論に反することが示されている」「62　権威（学説・最高裁判決）が的確に示されている」）に似た考え方として，**多数によって支持されていることを示す手法**があります。

　当事者がいかに論理的に説得力のある主張を展開したとしても，「独自の見解であり，採用することはできない」と判示される可能性があります。法解釈の争点でよくあることですが，「考え方としてはあり得るけれども，当裁判所は採用しませんよ」と切られてしまうパターンです。

　しかしその条文の規定の解釈（読み方）としてあり得る（法律論として成り立ち得る解釈論になっている）にもかかわらず，裁判所に採用してもらえないというのは，要するに少数説（独自説）だということです。逆にいえば，その考え方を支持する学者や専門家が多数でてくれば，多数説になり，裁判所も採用せざるを得ない立場になる可能性もでてくるということです。

　もちろん多数説でも，採用するかしないかは裁判所の自由です。法解釈は裁判官の専権だからです。「学説上は多数説かもしれないけれど，その考えにはのりませんよ」という裁判官もいます。しかしその場合「独自の見解であり」という理由で退けることはむずかしくなるはずです。少なくとも相応の根拠を述べないと，多数説なのに採用しないという判断はしにくくなると思います。

　つまり，**「独自の見解」という理由で切られる場合は，単に少数独自説だからという理由で切られた可能性もあります。多数の人に支持されていることを伝えることは大きな要素になります。**

71 社会問題であることが示されている

　マスコミなどでくりかえし報道された「社会問題」は，裁判所もこれを重く受け止め，英断を下しているものが多いのです。もちろん英断といえるかどうかは立場や見かたによって変わります。

　ただ少なくとも，国や地方公共団体を被告とした国家賠償などの行政訴訟では，社会問題としてくりかえし報道された事件であればあるほど請求が認容される傾向にあるように思います。もちろんそれだけ社会問題になるほどひどい事案だったのだから，国や地方公共団体でも敗訴し，重い損害賠償金の支払いが命じられたのだと考えることもできます。

　しかし他方で，国家賠償請求訴訟では国や地方公共団体が勝訴するもの（国民や住民の請求が棄却され敗訴となるもの）がきわめて多いという事実も厳然としてあります。そのなかで損害賠償請求が認容されているのは，ごく一部です。公害訴訟や医療訴訟など社会問題としてだれもがきいたことがあるような事件の場合と，ふつうの人はきいたことがないような事件の判決を比較すると明らかになると思います。

　刑事事件の冤罪事件などをみていても，新聞やテレビでくりかえし報道されることで，ようやく無罪判決を獲得した事件があります。社会問題として認知されることで，判決への影響があるのは事実だといえるでしょう。それはそれだけ真剣に重点を置いて，慎重な審理をしてもらえる可能性が高まるからだと思います。

　そうでない事件は適当なのかといわれれば，裁判官はそんなことはないというでしょう。しかし実際には重要案件と呼ばれるものがあり，すべての事件が同じ比重で審理されているわけではありません。

社会問題は常識的感覚や国民感情をともなうもので，それだけ裁判官に影響を与えるものです。この点を上手に伝えることも重要です。

　書き手の伝え方が問われる場面です。「社会問題ですよ。そんなことも知らないのですか」という態度ではなく，社会問題であること（大問題であり国民の関心事であること）を上手に伝えることが重要です。
　社会問題は，歴史的にみても，また国際的にみても大問題であることがわかると，さらに重要度が増すでしょう。 こうした角度から社会問題であることを分析し上手に伝えることです。

第6章 説得力のある論文を執筆する技術

　本章では，論文を執筆する際に意識すべき視点やヒントを示す。

　本書は，主として弁護士の方などが裁判等の実務で作成する書面を念頭に，「裁判官に伝わる文章の書き方」を解説してきた。その多くは他の文書（一般の文書も含む）でも基本的には同じようにあてはまることだといえるだろう。しかし，実務家の方でも大学院に進学して修士論文を書くことになったり，専門誌などに学術的な論文を執筆したりといった機会もあると思われる。また，学生の読者には，学部の卒業論文や大学院での修士論文等の執筆についても参考にしたいと考え，本書を読まれている方もいるかもしれない。

　そこで本章では「論文」を執筆する際に，特に意識すべき点を明らかにする。

72 論文のテーマ

　論文を書こうとしたときに，陥ってしまいがちなパターンがあります。それは壮大なテーマを題目（論文のタイトル）に掲げて，そのテーマの問題を網羅的に取り上げてしまうことです。

　修士論文等を書く大学院生や卒業論文を書く法学部生がこのようなパターンに陥った論文の構成（目次）をみると，そこに挙げられている各章の内容は，どこかでみた（よくみる）概説書のようになっています。

　論文は概説書（本）ではありません。基本は１（ワン）コンテンツの「ピンポイント攻撃」です。かなり狭い領域の問題をテーマに取り上げ，その狭い「１コンテンツのピンポイント・テーマ」について，深く掘り下げるのです。「広く浅く」ではなく，「狭く深く」ということです。

　こうすることで，論文のオリジナリティが出てきますし，どこかでみた概説書のようなものになることを防ぐことができます。

　税法でいえば，「租税法律主義」「所得概念」「権利確定主義」「租税回避」「通達課税の再検討」などといった壮大なテーマを掲げると，その構成メモに登場する目次は，教員にとっては見飽きたどこにでもある本（概説書，体系書）の書き写しのようになっています。

　院生が修士論文等を書く場合，また論文の執筆に慣れていない実務家の方が学術論文（あるいは論文的なもの）を執筆する場合，確定していない未解決の新しい裁判例や裁決などを素材にする方法があります。そして，その具体的な事例のなかに登場する論点について法解釈を論じる方法があります。そうすると，「１コンテンツのピンポイント・テーマ」をつくりやすくなるでしょう。

法解釈といいましたが，院生や法学部生など慣れない人がもうひとつ陥りがちな論文のパターンは，解釈論ではなく立法論を展開してしまうことです。特に院生の税法論文（修士論文等）では，できるかぎり立法論は避けるように指導されるのが通常です（この点は実定法の法学研究全般に通ずる話で，税法には限られないと思われます）。

　立法論になると，それは何とでも書けてしまうからです。「現行法はよくないから改正すべきだ」という議論になると，「こうすべき」「ああすべき」と，既存の条文の枠を超えて自由に言えてしまいますよね。また，立法論で論文を書くと，法学を研究しているはずなのに政策論になってしまいます。それだけでなく，立法論の論文は，法学研究の対象として重要な「現行法令に基づいた法解釈」から逃げているような雰囲気すらただよいます。「このように変えればいい」「いまの法律は問題だ」と第三者的に評論家のような姿勢をとるだけの論文は，結局のところ，「法学論文の最大の見せ場」である解釈論を提示できなくなります。現在ある法令（法律，施行令，施行規則等），その論点にまつわる先例（最高裁判決）などを使って，具体的な問題に対する解決策を「解釈論」として展開しましょう。

　法学の論文では，「解釈論」で論文を書くことが重要になるのです。もちろん専門家や研究者が執筆する政策論や立法論の論文は必要ですし，改正を検討するための資料としても意義があります。それを否定しているものではありません。「安易に立法論に逃げずに，解釈論でねばるべき」という論文の初心者へのアドバイスです。

　論文の題目（タイトル）は，このように具体的な1コンテンツのピンポイント・テーマを示すようなものがよいでしょう。そして，院生が書

く修士論文等であれば，そこにサブタイトルをつけて「〇〇〇〇〇—東京高裁平成30年〇月〇日判決を素材にして—」などと，未解決の最新の裁判例を念頭に置いていることなどを示せると，テーマがピンポイントであることが，より明確になるでしょう。

　もっとも，院生が執筆する修士論文等は「判例評釈であってはならない」という制約もあります。判例評釈は，1つの判例について，事案の概要，争点，当事者の主張，裁判所の判断を整理して，その判例にあらわれる論点について問題の所在や学説，類似裁判例を書き記し，最後に私見を述べるものです（有斐閣の『判例百選』がイメージとしてはわかりやすいでしょう）。修士論文等のいわゆる「論文」といわれるもの（判例評釈を含まない狭義の論文）は，最新の裁判例を素材にしたとしても，判例評釈になってはなりません。

　概説書にならないように注意すると同時に，判例評釈にもならないように注意する必要があるのです。

　「論文のテーマが，なかなかみつからないんです」という院生をよくみかけます。論文のテーマはある日，突然降ってくるものではありません。アイデアとは何かについて，ジェームス・W・ヤングは「既存の要素の新しい組み合わせ」であるといっています（ジェームス・W・ヤング＝今井茂雄訳『アイデアのつくり方』〔阪急コミュニケーションズ（現・CCCメディアハウス），1988年〕28頁）。「既存の要素の新しい組み合わせ」とは，〈既存のもの〉に，別の〈既存のもの〉を融合させたもので，その「組み合わせ」が「新しい」ということでしょう。

　このように考えると，**アイデアがわくためには，既存のもの（＝既知の情報）を大量に仕入れることが必要になります。**専門誌や論文集，そ

して最新の裁判例などに，とにかくたくさん触れるようにしましょう。触れるとは，読む，目を通す，ということです。そのなかで引っかかるもの，強い関心を引くもの，疑問が残る裁判例，などのフックになる素材をみつけ，それをメモしていきます。

こうしていくうちに，あるとき「あっ，これは論文のテーマになるかも！」というアイデアがわくことでしょう。このときに次に気をつけなければならないことは，「あなたにひらめいたそのアイデアには先行研究があるかもしれない」ということです。すでに論じられたものがあれば，その論文は必ず引用して，それとは異なる視点を提示することが研究論文には求められます（先行研究の尊重，先行研究の優位性）。

わたしは院生に，まず「論文の構成メモ」を作成するように指導しています（以下「構成メモ」といいます）。

「構成メモ」とは，以下の事項をＡ４の用紙にまとめた数ページのメモです。

① テーマ（タイトル）
② 論文の概要（文章で書きます）
③ 論文の構成（目次）
④ 参考文献等のリスト（書籍・論文・判例を含む）

そのとき，テーマがなかなか決まらない人や，何度も変える人が出てきます。気が乗らないテーマを選ぶ必要はありません。納得いくまでテーマを考えることは，とても重要です。

ただ，このとき大きな推進力になるのは，「ねばり」と「徹底したリサーチ」です。その思いついたテーマについて，ねばり強く，徹底したリサーチをし尽くしましょう。そのうえで，「やはりこのテーマで書くのは難しい」となれば，別のテーマを探せばよいのです。

しかし，中途半端はいけません。適当に「どうかなあ」と，いい加減な気持ちで構成メモ等を作成して，指導教員の先生から問題点を指摘されたら，すぐにやめてしまう。これでは，いつまでたっても，よいテーマにたどり着くことはできないでしょう。

そもそも研究とはリサーチです。法学研究の場合は，膨大な法令，判例，学説など，その素材は多くあります。それらを徹底して調べることから始めてみましょう。

論文のテーマを探して，そのメモを作成するプロセスは，論文執筆よりも退屈な作業にみえるかもしれません。しかし，じつは「ねばり強さ」と「リサーチ力」を養うトレーニングになるのです。

73 論文の構成

論文には設計図が必要です。その構造を目次にして示すことが修士論文等では，まず求められることでしょう。

論文のテーマが決まったら，その**構成を「目次」にして骨組みを明らかにする**ことが必要です。もちろん論文はそのすべてを基本的に文章で執筆するものですが，執筆した文章は相当程度の分量になります。

そこで，指導教員のチェックなどが必要になる修士論文等（学部生の卒業論文もこれに準じて考えることができます）では，構成メモの段階で全体の構成を，次のような「目次」として示すことが重要です。

第1章　〇〇〇〇〇
　第1節　〇〇〇〇〇
　　第1款　〇〇〇〇〇
　　第2款　〇〇〇〇〇
　　第3款　〇〇〇〇〇
　第2節　〇〇〇〇〇
（略）
第2章　〇〇〇〇〇
（略）
第3章　〇〇〇〇〇
（略）
第4章　〇〇〇〇〇
（略）
第5章　〇〇〇〇〇

ポイントは，1番上のレベルは「章」であらわし，次に「節」，そしてそのあとを「款」（ただし，ここは1などでもよいと思います）として，3段階くらいまでの構成を目次にすることです。

　目次では，最初に冒頭に書いておくべき「序章」や「はじめに」を「第1章」のまえに置く場合があります。その場合は，最後の章（前頁の図でいえば「第5章」）のあとに「終章」または「おわりに」を置いて，サンドイッチすることが必要です。つまり，①最初に「序章」を置く場合は，最後に「終章」を置き，①最初に「はじめに」を置く場合は，最後に「おわりに」を置くのです。

　以上は形式的なことですが，こうした目次を書くことによって，全体像をイメージしやすくなります。論文を執筆するあなた自身も全体像をイメージしやすくなるでしょうし，それをチェックする教員もどんな論文に仕上がりそうかを想像できます。そして，よろしくない方向に行きそうな論文や，迷走しそうな論文，論文としての体を成さないものになる危険をあらかじめ察知し，それを論文執筆まえに指摘することが，可能になります（論文作成者は，そうした指摘を論文作成前に受けることが可能になります）。その意味でも論文の構成（目次）に何を書くかは，とても重要なのです。

　ここで注意すべきは，概説書のような目次にならないようにすることです。あなたの書こうとするテーマとそのテーマに対する答え（結論）をまずは考えましょう。それが「序章」（はじめに）→「終章」（おわりに）にそれぞれあたることになります。このようにしてはさまれる（サンドイッチされる）論文の中身の構成は，「章」レベルが極めて重要です。なぜかというと，サンドイッチされる「章」のすべては「テーマ（問題

提起）」に対する「答え（結論）」を導く理由として成り立つ必要があるからです。

　言い換えれば，論文のテーマ（問い）に対する答え（結論）に結びつかない内容を「章」に入れてはいけない，ということです。すべての「章」は，問いに対する答え（結論）に結びつく（自説を支える）ものでなければなりません。

　パズルでいえば，ひとつでもピースが欠けては完成しないように，論文の構成（目次）における「章」は，どの「章」が欠けても「結論」の論証が完成しないといえるくらいに「重要な要素」を構成するものでなければなりません。

　各章は結論（主張）を導く根拠（パーツ）になるものでなければならない，ということです。

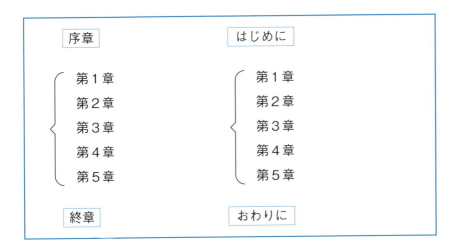

　その意味で，目次を書いてみたときに，なくても結論に影響しない

「章」は削除することが必要になります。

　なくても結論に影響しない「章」の数が多い（あるいはそのような章だらけの）場合，それは論文の構成を示す目次としては成功していない，ということがわかります。

　目次をつくるときには，こうした視点をもって取り組むとよいと思います。

74 論文の形式

　論文は形式がとても重要です。中身はもちろん重要ですが，論文としての形式がしっかりしていないと，素人だとみなされてしまいます。特に法学研究の論文では，引用の仕方から脚注などの注釈の書き方（出典を示す書籍や論文，判例などの表記の仕方）に細かなルールがあります。これらをしっかりと踏まえて書いたものでないと，内容以前の問題として低い評価をされる危険があります。

　あなたが書こうとしている論文が卒業論文や修士論文などの場合，特にこうした形式面のルールを知っておくことが重要です。形式面のルールに準拠した執筆が求められている可能性が高いからです。

　そうでない学術論文であっても，形式についての一般的なルールを守ることが必要になります。

　形式が重要なのは，修士論文等では学術論文としての作法に従っているかどうかが，審査の対象になるからです。作法については，細かな書き方の形式になると，絶対的なルールがひとつあるというものではありません。一般的な書き方のルールが複数あって，そのいずれかを採っているかどうかが問われる，というものもあります。

　一般的なルールについては，たとえば，近江幸治『学術論文の作法〔第2版〕』（成文堂，2016年）などに説明されています。こうしたものを参照すればよいでしょう。

　大学紀要などでは，その紀要ごとの執筆要領（形式面のルール）が定められていますので，それを調べて従うことが必要です。法学部の卒業論文や，大学院法学研究科等で修士論文等を執筆する場合にも，その指

導教員をはじめとするその大学や大学院での一般的なルールがある場合もあります。指導教員の先生に確認しながら執筆を進めるのがよいでしょう。

なお，出版社が刊行している雑誌には，統一的な表現のルール（判例や文献等の表記の決まり）が独自にあります。統一ルールがある雑誌では，ゲラの段階で編集者の手により統一されるのが通常です。この場合は，自分の方式をあまり主張せず，従うほかありません。論文を書く際に重要なのは，そうした大学の紀要や出版社ごとに表記のルールがあるなかで，自分が書く論文のルールがどうなっているかを知ることです。

形式面が重要な理由として，論文審査のチェック項目であることを挙げました。そうではないものも含めた学術論文全般として考えると，やはり「先行研究の積み重ねの一部である」という意識が求められることが挙げられます。「先行研究の積み重ねの一部」である論文を執筆するためには，**先行研究をひとつひとつ紹介してから自説を論じることが求められます**。そのためには，一般的な著作，論文等の引用のルール，そして出典方法に従うことが必要になります。

引用するにあたって注意すべきは，「書籍や論文等で記載された内容には著作権がある」ことへの自覚です。無断引用は許されないものの，著作権法の範囲内での引用は可能であり，特に研究論文ではこうした「引用の技術」も重要になってきます（→引用のルールについては，107頁以降参照）。ビジネス書や一般書にはあまり感じられない「先行研究の積み重ねの一部」という要素が強いのは，研究論文だからです。

慣れない院生等の論文でありがちなのは，人の本に書かれた内容をほぼそのまま書き写しておいて，出典を入れないものです。これは著作権

法の観点からも，論文の書き方としても問題です。もうひとつは，注釈（脚注など）に出典は示されているものの，1頁や2頁くらい，まるまるその権威の著作の引用が続くものです（もちろん，その著作が権威でない場合も同じです）。これは人の著作を引用しているようで，その範囲を超えてしまっている問題がある点はもちろん，内容的にみても，人が書いたものを丸写しし続けるような論文が「良い論文」といえるはずがありません。そのような場合は，内容を咀嚼しよく理解してから，整理した内容を要約してコンパクトにまとめることが必要です。

判決文を引用する場合も基本は同じで，判決の出典を入れることが必要です（民集，刑集，集民，判タ，判時，訟月，税資などの巻号頁等）。ただし，判決文には著作権はありませんので，どれだけ引用しても，著作権法上の問題はありません。

もっとも，意味のないだらだらとした判決文の引用は，単なるページ稼ぎにみえてしまいます。論文がいたずらに冗長になるだけですから，効果的ともいえません。適宜，かぎかっこをつけて引用しながらも，「……」や「（略）」などを使い，重要な部分のみを抽出することを心がけましょう。

判決を紹介するときにありがちなのは，当事者の主張や下級審の判断を長々と引用することです。これらは研究対象となる確定判決の判断という点からすれば，前提に過ぎない部分です。できるかぎり要約するなどして，簡潔にまとめたほうがよいでしょう。

これに対して，研究対象になる確定判決（最高裁がある場合は最高裁の判断）については，特に規範部分を述べたところをしっかり引用すべきです。そうでない部分を長々と引用しながら，最も重要なはずの規範部分を引用していない院生等のレジュメをみかけることがあります。最高

裁判決では，レイシオ・デシデンダイ（主論）をしっかりと意識して引用しましょう。

その場合，**民集または刑集登載の判決の場合は，調査官解説**（最高裁判所判例解説民事篇〔法曹会〕，最高裁判所判例解説刑事篇〔法曹会〕等）**を読んで判決の規範を確認しましょう**。民集・刑集に登載されていない判決でも，判例タイムズの解説部分は裁判官が匿名で書いているものなので，どこが規範であるかを読み取る参考になります（研究者等が執筆した判例評釈も，もちろん参考になります）。

重要な先例（最高裁判決）を紹介したうえで，その意義や射程，問題点を論じていく場合，本文のなかで「……（以下，最高裁平成16年判決」という。）」といった定義をしておくと便利です。その後の論文のなかでは，「この点で，最高裁平成16年判決の判示には問題がある。」といった，コンパクトな記載ができるようになります（目次や見出しでも使えます）。

判決文の出典については，裁判所ホームページに掲載されているものや，LEX/DBなどのデータシステムに登載されているものもありますが，論文に示す場合は，紙ベース（雑誌）のものを示すことが必要です。こうしたデジタルの出典は紙ベースのものがない場合に，例外的に使うのが作法ですので，注意してください。

書籍（体系書，概説書等）や論文，判例に限らず，あらゆる情報には，注釈で出典を示し，引用が必要な場合は「　」で括る必要があります。注釈は，現在の横書きの論文で考えると，論文のまとまった章などの後につける「後注」やページごとに下（脚）につける「脚注」があります。横書きが基本の現在は後注が多いと思いますが，いずれも「注釈」といいます。ホームページの内容を引用する場合は，「（2017年6月5日閲

覧）」といった表記を入れておくことも，正確を期すためには必要です。インターネット情報は更新されるからです。

　注釈（脚注等）の書き方については，細かいことは本書では触れませんが，スタンダードなものでよく使う表記については，後で説明します（「76　脚注や文献等の表記」）。

75 論文の意義

　論文には，どのような存在意義があるでしょうか。本書が中心的に扱ってきた法律文書（実務で使う文書）では，たとえば，弁護士が書く訴訟の準備書面であれば，裁判所に提出され，裁判官に読まれるために存在するといえます。裁判の結果に影響を与えることを目的とするもので，クライアント（依頼者）のためにあるともいえるでしょう。

　これに対して，学術論文は，直接的な実利を目的とするものではありませんが，大きな存在意義があります。ひとつは，ある法解釈などの論点について理論的に考えられる学説を展開することで，**裁判所の判断に影響を与える可能性がある**点です。たとえば，先例となる最高裁の判断が下された場合，民集や刑集を読むと，その判断に至るまで唱えられていた学説を調査官が整理した説明が掲載されています。そこには，最高裁が採用した考えとは「異なる見解」も必ず紹介されています。このように，**いっけん実利を目的とするようにはみえない学術論文も，学説というかたちで，最高裁の法解釈の参考にされています**。なかには大きなインパクトを与える論文もあります。

　学術論文の存在意義をここでもうひとつ考えてみましょう。それは「先行研究の積み重ねの一部」として存在する研究論文である，という観点から考えると明らかになります。学術論文といいましたが，読者の方が執筆されようとしている修士論文等にもあてはまる話です。「先行研究の積み重ねの一部」として，これまでの先行研究を整理したうえで，**さらに「その一歩先に橋渡しをする」役割**です。つまりは，その論文におけるオリジナリティといえるでしょう。

大学院生が作成する修士論文等であっても，オリジナリティが求められていることを忘れてはなりません。しかし，それはすべてをオリジナルで書くことではありません。そのテーマの先行研究を調べ，それらを整理して紹介したうえで，「さらにその一歩先に橋渡しをする」視点や議論を示す。そうすることで，オリジナリティが光ります。オリジナリティは，「新規性」といわれることもあります。修士論文等の審査では主査や副査の先生から「あなたの論文はどこが新しいのですか？」「新規性はどこにあるのですか？」などと問われるものです。それに応えられるような**新規性（オリジナリティ）を盛り込むためには，そうではない部分（先行研究の部分）を，まずはしっかりおさえておくことが重要**です。

　そのためには，先行研究のリサーチが必要です。学説については複数の書籍（体系書，概説書，論文集等）にあたり，個別テーマについて執筆された論文もくまなく探して読み込むことが求められます。
　その法解釈や関連する法解釈について示された先例も，見落とさないようフォローしなければなりません。**最高裁判決があれば必ず触れる必要がありますし，下級審の裁判例でも，広く網ですくい言及できるように，徹底したリサーチをすることが必要です。**

　過去の裁判例や学説を整理する際には，類似する説にネーミングをつけて「**大きな分類**」をしたうえで，そのなかでさらに「**細かな分類**」をする方法が有益です。たとえば，「この論点については（1）肯定説と（2）否定説がある」と大きな分類をしたうえで，「（1）肯定説には○○を理由とするA説と，××を理由とするB説，さらには△△を理由

とするC説がある」といった具合です。また，「この論点について直接判示した最高裁判決は過去にないが，肯定説を採用したものに東京地裁昭和62年10月××日判決がある」というように，学説と裁判例をリンクさせると上手に整理できるでしょう。こうした学説や裁判例の整理の方法については，調査官解説の手法が参考になると思います。

　いずれにせよ，ある論点について複数の説を紹介する場合には，それぞれの説にはどのような利点があるのか，逆にどのような批判があるのかについても整理することが重要です。その際には，体系書や論文，判例評釈などを参照しましょう。そのうえで，自説としてはどの説を採用すべきと考えているのかまで述べなければなりません。そうしないと「単なる説の紹介ですよね」といわれてしまいます。**論文には，先行研究を紹介することはもちろん，自説を論証すること**が求められます。そのことを忘れてはなりません。

　過去に最高裁判決がある場合には，それにもかかわらずそのテーマの論文を書くことになるのですから，**その最高裁判決にはどのような意義があるのかを明確にすることが重要です**。この点についても民集や刑集に登載されている先例性の高いものについては，調査官解説をよく読んで参照することが重要です。そのうえで，過去の最高裁判決は，どのような論点について，どのような判示をしたものなのかを細かく分析します。また，その最高裁判決は事例判断に過ぎないのか，大きな先例性をもつ重要な判決なのかについても分析をする必要があります。反対する場合は，どの点に問題があるかを明確にしましょう。テーマについて関連する最高裁がある場合は，その紹介と分析が必要です。「先行研究はないか」と同時に「先例はないか」を必ずリサーチしましょう。

76 脚注や文献等の表記

　最後に，論文の形式面について，知っておけば迷いなく書けるようになる書き方を簡単にご紹介しておきたいと思います（なお，以下のルールは絶対的なひとつの書き方ではなく，さまざまな表記の方法があるなかでの1つのルールである点を，ご承知おきください。修士論文等を執筆する際には，指導教員に表記方法に決まりがあるか確認をするようにしましょう）。

　まず，判決の表記ですが，一般的には，本文で記載する場合には，「○○判決」と書くほうがオーソドックスだと思います。たとえば，次のように書きます。

- 最高裁平成25年3月×日第三小法廷判決・民集○巻○号○頁
- 東京高裁平成24年7月×日判決・判タ○号○頁
- 東京地裁平成23年5月×日判決・判時○号○頁

　ポイントは，最高裁の場合は「第○小法廷」（大法廷の場合は「大法廷」）を判決のまえに入れること，そのあとの出典のまえに「・」を入れることです。なお，支部の裁判所の場合は，次のように表記します（次の例は，広島地裁福山支部の判決の場合です）。

- 広島地裁福山支部平成27年7月○日判決訟月○巻○号○頁

　こうした判決を脚注などの注釈で明らかにする場合は，以下の省略形で書くのが一般的です。

- 最判平成25年3月×日民集○巻○号○頁
- 東京高判平成24年7月×日判タ○号○頁
- 東京地判平成25年5月×日判時○号○頁
- 広島地福岡支判平成27年7月○日訟月○巻○号○頁

ここでの注意事項は，省略の方法です。判決の場合は「判」，決定の場合は「決」を使います。「最決平成25年９月４日民集67巻６号1320頁」といった具合に，です。また，この省略形の場合は判決の年月日のあとに「・」もスペース（余白）も入れません。続けて出典を記載します。

　判決を紹介する場合，上告審までとなると，原告と書いたところで，控訴審や上告審ではだれを指すのかが定かでなくあいまいな表記になってしまいます。そこで，最初に事案の概要などを説明する際に，審級ごとの当事者の呼称をすべて入れて説明しておくのが一般的です。民事訴訟の場合，訴えを提起する者（原告）をXとし，訴えを提起される者（被告）をYとします。そのうえで，たとえば，次のように表記します（下記の例は，１審ではXが全部勝訴し，控訴審ではXが逆転して全部敗訴した場面が想定されます）。

- X（原告・被控訴人・上告人）
- Y（被告・控訴人・被上告人）

　なお，当事者が複数いる場合は，1，2，3……と番号を振ります。たとえば，原告が２人であれば，X1（原告・被控訴人・上告人），X2（原告・被控訴人・上告人）とします。

　当事者を最初に記載する際に，このような記載をしておけば，その論文のなかで２回目以降に登場するときは，単に「X」「Y」「X1」「X2」と記載するだけで足ります。細かなことかと思われるかもしれませんが，いざ論文を書いてみると，こうした目配りの積み重ねで，ひとつの論文が構成されていることがわかると思います。

　書籍名には『　』（二重かぎかっこ）をつけるのが一般的です。改訂版

の場合は版名も入れます。そのうえで，書籍名のまえに著者名（フルネーム）を書き，書籍名のあとに出版社名（株式会社などは省略します）と発行年を入れ，引用した該当ページを最後に記入します。次のようになります。

- 金子宏『租税法〔第22版〕』（弘文堂，2017年）22頁

共著の場合は，全著者の名前を「＝」でつなぎます（「・」でつなぐ方法もあります）。

- 谷口勢津男＝一高龍司＝野一色直人＝木山泰嗣『基礎から学べる租税法』（弘文堂，2017年）

なお，こうした共著の書籍を脚注などの注釈で出典として挙げる場合，その部分の執筆者まで特定することが必要です。書き方は複数ありますが，たとえば，次のように，どの執筆者が書いたものかを明らかにします（目次や執筆者一覧などをみると，どの執筆者がどの部分（章など）を担当したのかが書いてあるのが通常です。それをしっかりと確認しましょう）。

3）谷口勢津男＝一高龍司＝野一色直人＝木山泰嗣『基礎から学べる租税法』（弘文堂，2017年）196頁〔木山泰嗣執筆部分〕。

編者がいる場合は，氏名のあとに「編」を入れます。

- 森谷義光＝一色広己＝田中健二＝北村猛編『所得税基本通達逐条解説〔平成26年版〕』（大蔵財務協会，2014年）

これに対して，論文の場合はタイトルを「　」（一重かぎかっこ）で記載します。タイトルのまえには執筆者名を記載し，タイトルのあとには掲載雑誌名（大学紀要の場合は紀要名）を（　）をつけずにそのまま記載し，そして巻号（号のみの場合は号）を記載し，そのあとに（　）で刊行年を入れます。書籍の場合と異なり，雑誌の出版社名を入れる必要

はありません。そして，その論文を挙げるだけの場合には，その論文が始まる最初の頁のみを記載し，引用する場合は該当ページを記載します。次のように，です。

- 木山泰嗣「給与概念の確立と変容」青山法学論集57巻4号（2016年）115頁
- 酒井克彦「配偶者控除及び配偶者特別控除についての一考察（上）」税務弘報57巻14号（2009年）95頁－96頁

注意すべき点は，巻号にある「第」はつけない（省略する）こと，また月刊誌であれば「2017年8月号」などと雑誌に書かれていると思いますが，そうした年と月の部分ではなく，通巻（通号）で表記することです。上記の酒井教授の論文の出典である税務弘報は月刊誌で，2009年12月号なのですが，「57巻4号」と巻号で表記してあります。

判例評釈の場合は，タイトルが長くなるためタイトルは省略し「判批」とのみ記載します。次のように，です。

- 奥谷健「判批」水野忠恒＝中里実＝佐藤英明＝増井良啓＝渋谷雅弘編『租税判例百選〔第5版〕』（有斐閣，2011年）92頁

また，判例解説とも呼ばれる調査官解説は，タイトルを省略し「判解」と表記します。次のように，です。

- 鎌野真敬「判解」最高裁判所判例解説民事篇平成22年度（上）122頁

また，判決や論文を引用する場合は，引用した箇所を「　」（かぎかっこ）で括りますが，引用した原文に「　」（かぎかっこ）がある場合，『　』（二重かぎかっこ）に変えるのが論文の一般的なルールです。次のように，です。

> 「……何が私法上の真実の法律関係または事実関係であるかの認定は，取引当事者の効果意思に即して，きわめて慎重に行われるべきであって，『私法上の法律構成』の名のもとに，仮にも真実の法律関係または事実関係から離れて，法律関係または事実関係を構成しなおす（再構成する）ようなことは許されないと考える。」（金子宏『租税法〔第22版〕』（弘文堂，2017年）133頁）

さらに，**論文では数字は半角にするのが一般的です**。
これらの点は，本書の他の章で対象にしてきた実務文書（裁判所に提出する準備書面や判決文）では異なります。判決文では，数字は全角で記載されますし，引用された「　」もそのまま「　」で記載されるのが通常です。
実務家の方が学術論文を執筆する場合，ルールが異なる点に気をつけましょう。

最後に，注釈（脚注など）で，まえにでた論文を再度挙げる場合の書き方ですが，この場合は，苗字のみ記載し，そのあとに「・」を入れて「前掲注3）」というように，まえの注釈で記載した番号を入れます。

3）佐藤英明「一時所得の要件に関する覚書」金子宏＝中里実＝Ｊ．マーク・ラムザイヤー編『租税法と市場』（有斐閣，2014年）220頁。
7）佐藤・前掲注3）222頁

第7章
文章技術を高めるために参考になる主な書籍

　本章では，文章技術をさらに高めたい意欲的な方のために，参考になる書籍を紹介する。

　文章技術に関する本だけで80冊以上読み研究をした経験から，特に法律文書を書く際に参考になる本を6冊ピックアップした。どのように役立つのかについてもアドバイスを入れた。読書は地味だが，確実に力を高めてくれる。たくさんの本を読んで研究をしていただきたい。

77 野口悠紀雄『「超」文章法』
（中公新書）

　文章の書き方について書かれた本で，オススメの本を1冊だけ挙げてくださいといわれれば，この本を紹介すると思います。2002年に刊行された本です。新書サイズでコンパクト。すらすら読むことができます。

　これから初めて文章を本格的に書く方よりも，文章を書く機会が増えたのだけれども，どうもうまく書けないで苦戦しているという方が読まれると，たくさんのヒントをもらえると思います。実際に文章を書いてみると，どうにもうまくいかない場面がたくさんでてきます。この本はこうしたよくある「うまくいかない場面」にスポットをあて，その原因と対処法について的確にアドバイスが書かれています。

　文章そのものが読みやすいだけではありません。権威を引用することを「タダで雇える用心棒」といい，権威だけにたよる文を「キツネ文（虎の威を借るという意味）」と呼ぶなど比喩がたくさん登場し，わかりやすさも抜群です。ユーモラスな比喩に触れるだけでも，ぐんぐんと脳に刺激が与えられます。純粋に読み物として読んでも面白いと思います（あるあるこういうの…という感じで）。

　初めてこの本を読んだのは，弁護士になって間もないころで，税務論文や税務訴訟の準備書面の書き方で，悩みや疑問がいろいろ出てきたころでした。こんな本が世の中にあったのかというほど感銘を受けました。マーカーでほとんどの文章がカラフルに染まりました。

　内容はここで書いてしまうともったいないので触れません。文章技術に強い関心がある方は，熟読されることをおすすめします。くりかえし読むことで効果の高い文章力を得られる本だと思います。新書でありながら索引までついており，文句なしのテキストです。

78 倉島保美『書く技術・伝える技術』（あさ出版）

　それほど著名な本ではありません。しかし書かれている内容は非常に参考になります。読み手の立場に立って文章を書くことの大切さを，本書ではくりかえし強調してきました。この本はまさに「読み手の立場で文章を書く」ことをテーマにした本です。

　「読み手に負担をかけないビジネス文章」を書くことが，この本のテーマです。このテーマに沿って，読み手の視点からみた文章の書き方が，最初から最後まで徹底して示されています。

　その要素としては「読み手になるべく文章を読ませずに，それでいて必要な情報を伝達でき」「一読で内容を誤解なく理解してもらえる」ことが挙げられています（同書3頁）。

　特に鍵となるのが「メンタルモデル」という考え方です。文章の読み手が心理的に築き上げる印象や発想をこの本では「メンタルモデル」としてとらえます。そしてそれを壊さないように文章を展開することが，読み手の速読を助ける文章になるということが提言されています。

　裁判官もメンタルモデルを築いて準備書面を読んでいるはずです。この本は一般向けの本で，裁判官の心理については言及されていません。そのため，法律文書に固有の議論や裁判官固有の心理状況については，本書などを通じて研究をされることが必要になります。

　しかし，文章の読み手が一般に通常考えるであろう心理的なモデルを明確にし，それに沿って文章を書くための技術が詳細に書かれている本はあまりお目にかかれるものではありません。

　読み手の予測どおりに書かれた文章がよい文章であるという提言をしているこの本は，他の本にはない根本的な発想や視点を与えてくれます。

79 岩淵悦太郎編著『悪文　第三版』（日本評論社）

　1960年から版を重ねている古典的名著です。タイトルの悪文というのは，**良い文章を書くためのアンチテーゼ**だと思います。どういう文章が悪文なのか，つまり悪い文章なのか（読みにくい文章なのか，わかりにくい文章なのか）を明らかにすることで，文章の書き手が気をつけるべき点を示唆した本です。

　本書でも触れましたが，**この本では裁判の判決文が「悪文のチャンピオン」であると指摘をされています**。「判決文を書くのは，いうまでもなく裁判官たちであって，裁判官は，わが国で最高の教養学識を持っている文化人に属するであろう。しかし，その裁判官たちの判決文にも，文の切りつなぎの面から見ると，優秀悪文が多いようである。」という指摘があります（同書75頁）。この本は一般向けの文章技術の本ですが，この点で法律文書についても直接言及した箇所があります。それだけでも参考になると思います。

　悪い例を知ることは，なにを直すべきかが明確になる点で教材として優れています。古い本ではありますが，平易な言葉でわかりやすい具体例と解説があり，悪文の典型と修正方法を知ることができます。

　たとえば「混乱した文章」として「が」という接続詞が多用されている文章が挙げられています（同書33頁）。わたしも文章を書いていると「が」を多く使ってしまいがちなので，推敲するときに「が」を削り1文を短くするようにしています。最初からすらすらと書けるようになる必要はありません。**なにが悪文でなにを直すべきかを知ることができれば，あとは推敲段階でセルフチェックをすればよいのです**。この本はこの視点を与えてくれる良書です。

80 田中豊『法律文書作成の基本』
（日本評論社）

　2010年のスティーブン・D・スターク＝小倉京子訳『訴訟に勝つ実践的文章術』（日本評論社）に続いて，2011年に同じ版元から発売された本です。後掲81の『訴訟に勝つ実践的文章術』はアメリカの訳本ですが，この本は日本の裁判について書かれたものです。

　400頁を超える詳細な本です。『訴訟に勝つ実践的文章術』のようなセンセーショナルな方法はありません。むしろごくごくオーソドックスな文章作成法が書かれています。著者の田中豊氏は，元裁判官で司法研修所で民事裁判の教官をされ，また最高裁判所調査官として民事事件を担当されていた方です。この本を読む価値はこの経歴にあります。

　本書で強調してきたように，裁判所に提出する書面というのは，読み手である裁判官のためにあります。その**裁判官をされていた方が非常に詳細に文書作成法を書かれています**。注意深く読むと，ところどころに，本音のようなものを垣間みることができます。裁判官の立場としてどういう書面が読みたいのか，どういう書面を書いてもらいたいのか，どういう書面がよい書面なのかといった部分です。

　税務訴訟などの行政訴訟では特に上告審が重要になってきますが，最高裁の調査官の考えを知ることもできます。

　この本は，本書と異なり，裁判所に提出する書面だけをテーマにしているものではありません。「第3章　相談過程の文書」「第5章　判決書・決定書」「第6章　契約書」といった章などは，それぞれの書面についての注意事項になります。しかし訴訟を追行するうえでは，どの文書も関連してくるものです。裁判官の文章に対する考え方を知ることができる貴重な書籍です。

81 スティーブン・D・スターク＝小倉京子訳『訴訟に勝つ実践的文章術』（日本評論社）

　アメリカで出版された原著の翻訳が，日本で2010年に刊行されました（原著は1999年）。これまで弁護士などの法律家が書く文章技術をテーマにした書籍は，日本では非常に少なかったため，テーマそのものが斬新で一石を投じた書物だといえます。タイトルも「訴訟に勝つ」ということで，センセーショナルな匂いがする本でもあります。わたしは本書の原稿を書く過程でこの本を参考資料として購入しました。中をぱらぱらとめくって見出しをながめると本書で取り上げる項目と似ているものがあり驚きました。アメリカにはすでにこうした本があったのです。目次に書かれた詳細なタイトルを読むだけでも，日本でも共通して意識すべきと思えるポイントが多いです。裁判制度が違う外国の書籍であるとはいえ，日本の訴訟を担う人にとっても，参考にすべき点が多いと思います。「議論では物語を語る」「物語を語る能力は，すべての弁護士に必須のスキルである」「見出しでメリハリをつける」「勝訴に焦点を絞る」「常に1ページ以下の概要を書く」「図を利用する」。本書でも強調してきた点がアメリカ流に語られています。裁判の制度が異なるため，そのまま参考にしにくい部分もありますが，「第1審の書面を書くための5つのルール」として「簡潔に書く」ことを挙げながらも「行政裁判の書面では長くてよいこともある」ということが書かれています。これも日本の行政訴訟である税務訴訟と似ているなと思いました。

　使えるところを参考にするという肩肘張らないスタンスで「読み物」として読むと面白い本だと思います。

82 バーバラ・ミント(著)＝グロービス・マネジメント・インスティテュート(監修)＝山﨑康司(訳)『新版 考える技術・書く技術』(ダイヤモンド社)

　洋書の翻訳本なので，日本語の文章の書き方にそのままあてはまる限度で参考になる本です。もちろん翻訳されているので，すべて日本語の文章の書き方にあたるように書かれています。

　全体的には体系書（基本書）のようにまとめられた大作です。忙しいなかで通読をするのはなかなかたいへんかもしれません。最初から最後まで読み通すというよりも，パラパラとめくり必要な箇所をみつけ，そこをじっくり読むのが適していると思います。

　本書の要諦は，ピラミッド型で文章を構成することです。文章の骨組みをつくるときにたいへん参考になります。時間のない方は冒頭だけを読み，エッセンスを理解するという読み方もよいと思います。

　読み手のあたまのなかで描かれる予想を前提にしながら，文章の構成を考えるという点では，78で紹介した倉島保美『書く技術・伝える技術』（あさ出版）と類似しています。同書で書かれていたメンタルモデルをより具体的に分析し，論理的な文章の枠組みを構築するひとつのパターンとして考案されたのがこの本のピラミッドモデルだといえます。

　本書でくりかえし強調してきた「読み手の立場に立った文章技術」という点での共通性があります。本書と異なる点は，論理的な枠組みを分析しそれを体系化している点です。文章は生もので状況に応じた柔軟性が求められます。特定のモデルだけに依拠し思考をパターン化させることは危険な面もあります。しかしこの本では斬新で的確なモデルが提唱されているので，構成が苦手な人には参考になるはずです。

■著者紹介

木山　泰嗣（きやま　ひろつぐ）

1974年横浜生まれ。青山学院大学法学部教授（税法）。同大学大学院法学研究科ビジネス法務専攻主任，税法務プログラム主任，青山ビジネスロー・レビュー編集長。弁護士（第二東京弁護士会，鳥飼総合法律事務所客員）。上智大学法学部法律学科卒。2010年より上智大学法科大学院で文章セミナー（2018年から「法律文書作成の基礎」）の講師を担当，2014年から大阪大学法科大学院のスプリングスクールでも「法律文書の書き方」の講義を担当する。

著書は，本書を含めた単著の合計で50冊。『税務訴訟の法律実務』（弘文堂，2010年）で第34回日税研究賞「奨励賞」受賞。『弁護士が教える 分かりやすい「所得税法」の授業』（光文社新書，2014年），『超入門コンパクト租税法』（中央経済社，2015年）などの税法の本のほか，『弁護士が書いた究極の文章術』（法学書院，2009年）『小説で読む民事訴訟法』（同，2008年），『反論する技術』（ディスカヴァー・トゥエンティワン，2012年），『熟考する力』（大和書房，2016年），『教養としての「税法」入門』（日本実業出版，2017年）などの一般書も執筆し，ロングセラーも多い。「むずかしいことを，わかりやすく」がモットー。

twitter：@kiyamahirotsugu

新・センスのよい法律文章の書き方

2012年2月20日　第1版第1刷発行	著　者　木　山　泰　嗣
2017年3月5日　第1版第16刷発行	発行者　山　本　　　継
2018年5月1日　改訂改題第1版第1刷発行	発行所　㈱中央経済社
2025年7月20日　改訂改題第1版第10刷発行	発売元　㈱中央経済グループ　　　　　　パブリッシング

〒101-0051　東京都千代田区神田神保町1-35
電話　03（3293）3371（編集代表）
　　　03（3293）3381（営業代表）
https://www.chuokeizai.co.jp
印刷・製本／文唱堂印刷㈱

Ⓒ 2018
Printed in Japan

＊頁の「欠落」や「順序違い」などがありましたらお取り替えいたしますので発売元までご送付ください。（送料小社負担）
ISBN978-4-502-24551-0　C2032

JCOPY〈出版者著作権管理機構委託出版物〉本書を無断で複写複製（コピー）することは，著作権法上の例外を除き，禁じられています。本書をコピーされる場合は事前に出版者著作権管理機構（JCOPY）の許諾を受けてください。
JCOPY〈https://www.jcopy.or.jp　eメール：info@jcopy.or.jp〉